# 政德教育十二讲

山东济宁政德教育干部学院　编

齐鲁书社
·济南·

**图书在版编目（CIP）数据**

政德教育十二讲 / 山东济宁政德教育干部学院编.
济南 : 齐鲁书社, 2024. 12. -- ISBN 978-7-5333-5099-
4

Ⅰ. D630.3

中国国家版本馆CIP数据核字第20249HM122号

责任编辑　张敏敏　曹新月　李　珂
装帧设计　刘羽珂

## 政德教育十二讲
ZHENGDE JIAOYU SHIER JIANG

山东济宁政德教育干部学院　编

| | |
|---|---|
| **主管单位** | 山东出版传媒股份有限公司 |
| **出版发行** | 齐鲁书社 |
| **社　　址** | 济南市市中区舜耕路517号 |
| **邮　　编** | 250003 |
| **网　　址** | www.qlss.com.cn |
| **电子邮箱** | qilupress@126.com |
| **营销中心** | （0531）82098521　82098519　82098517 |
| **印　　刷** | 山东成信彩印有限公司 |
| **开　　本** | 720mm×1020mm　1/16 |
| **印　　张** | 13.5 |
| **插　　页** | 4 |
| **字　　数** | 201千 |
| **版　　次** | 2024年12月第1版 |
| **印　　次** | 2024年12月第1次印刷 |
| **标准书号** | ISBN 978-7-5333-5099-4 |
| **定　　价** | 60.00元 |

# 《政德教育十二讲》编写人员

主　　编：陈　冲　　白占德

副主编：李敬学　　胡亚军　　种淑娴

文稿编辑：汪亚洲　　孔繁鹏　　张玉宝

　　　　　封　斌　　胡　宾　　赵　正

　　　　　孔洪恩　　冯露露　　梁桂雪

　　　　　郝金金　　黄　云　　韩文滕

# 前 言

2013 年 11 月，习近平总书记在山东视察孔子研究院时强调，"国无德不兴，人无德不立"，要大力弘扬中华优秀传统文化，教育引导干部从思想上正本清源、固本培元，筑牢思想道德防线。2018 年 3 月以来，习近平总书记进一步强调"领导干部要讲政德"，要"加强政德修养、打牢从政之基"，提出要用历史文化和革命文化资源来加强干部队伍建设，努力培养更多好干部。

2018 年 5 月，山东省委组织部在山东济宁政德教育干部学院召开"干部政德教育丛书"编撰工作座谈会，组织有关专家、学者研讨系列教材的编撰提升工作。按照山东省委组织部的工作部署要求，学院根据学员需求，结合教学实际，组织专家团队集中精力编撰"干部政德教育丛书"，主要包括《论语译注》《孟子译注》等经典译注，《中国儒学简史》《武氏祠汉画像诠释》等历史文化读本和《干部政德教育现场教学讲解词》《古今政德人物选编》等系列教材。丛书编撰坚持以习近平新时代中国特色社会主义思想为指导，认真贯彻落实习近平文化思想和习近平总书记关于"领导干部要讲政德"等重要讲话精神，着力从中华优秀传统文化、革命文化、社会主义先进文化中深入挖掘思想智慧和时代价值，帮助干部增强文化自信、培育提升为政之德。

近年来，学院突出政治性、专业性、时代性、实践性，着眼于管用

有效、入心入脑，采取课堂教学、现场教学、体验教学、礼乐教学、访谈教学、案例教学等多元一体的教学方式，力求把新时代政德要求讲到干部心坎里、讲进干部头脑中。在课堂教学方面，开发了"弘扬儒家修身思想　涵养干部为政之德"等70余门专题课，"为政之道　以德为先——习近平关于政德建设相关论述的传统文化意蕴"专题课入选中组部学习贯彻习近平新时代中国特色社会主义思想全国好课程，打造的全国党校系统精品课"儒学修养论中的党性修养借鉴"等4门专题课受邀到中共中央党校（国家行政学院）、北京大学送课，"坚定文化自信　铸牢大国之魂"等5门专题课入选山东省委组织部"全省干部教育培训好课程"，"政德为何有力量"等2门专题课获评山东省党校系统精品课，"深刻认识马克思主义与中华优秀传统文化的内在融通性"等5门课程入选山东省委组织部"全省基层干部培训优秀网络课程"。

　　为进一步推动政德教育落地见效，我们精选了12堂优质专题课，组织授课专家修改整理编写成书。全书坚持中华优秀传统文化创造性转化、创新性发展的"两创"方针，紧紧围绕"四个讲清楚"的重大课题，坚持古为今用、推陈出新，阐发中华优秀传统文化的思想精华和当代价值，帮助干部从中华优秀传统文化蕴含的哲学思想、人文精神、道德理念中汲取智慧。期望广大读者能通过此书，进一步增强文化自信，提高道德素养，为建设新时代中国特色社会主义增添力量。

编　者

二〇二四年十一月

# 目 录

# 马克思与孔夫子：一个历史的相遇

何中华

马克思和孔夫子作为两个象征，前者代表着马克思主义，后者代表着儒家学说。这里，我就马克思与孔夫子的跨时空相遇这个主题，大体上从四个方面来展开：一是我们党百年来实现的"三个结合"；二是马克思主义与儒学相遇的历史必然性；三是马克思主义与以儒家为代表的中国传统文化在时代性和民族性维度上的矛盾性和一致性；四是马克思主义同儒学会通的学理依据。了解这些内容，或许会有助于更深刻地理解马克思主义基本原理同中华优秀传统文化的结合。

第一个问题，我们党从 1921 年建立，到今天已历经了一个多世纪。在这段百年历史中，我们经历了由"站起来"到"富起来"再到"强起来"的过渡；与此相对应，我们成功地实现了"三个结合"。

一是马克思主义基本原理同中国具体实际的结合。这主要是由毛泽东领导中国共产党人实现的，在实践上就表现为中国革命和建设取得的历史性成就。中国革命和建设的丰富历史经验，经过理论上的升华，其成果就是毛泽东思想。

作为马克思主义的创始人，马克思和恩格斯反复强调，他们的学说不是可以到处套用的教条，而是行动的指南。恩格斯就曾明确指出："在我看来，马克思的历史理论是任何坚定不移和始终一贯的革命策略的基本条件；为了找到这种策略，需要的只是把这一理论应用于本国的经济条件和政治条件。"而"要做到这一点，就必须了解这些条件"。除要了解本国的经济条件和政治条件之外，还需要了解其文化条件。因为只有深入到文化层面，才能真正把握一个国家的具体国情。

从中国革命和建设的历史来看，我们在教条主义上吃了不少亏。最典型的是王明所代表的"左"倾错误路线造成的惨痛教训，它在一定程度上导致了中共第五次反"围剿"的失利。可以说，一部党的奋斗史，也是一部不断地同形形色色的教条主义进行斗争的历史。历史经验反复证明，什么时候我们坚持了理论联系实际，克服了教条主义的错误影响，什么时候中国的革命、建设、改革和发展的事业才能取得成功。反之，我们的事业就会遭遇挫折。

当年，毛泽东在延安发表的两部哲学著作《实践论》和《矛盾论》，主要就是为了反对和清算党内的教条主义。我们回过头来看，历史之所以选择了毛泽东，一个重要原因就在于毛泽东熟谙中国国情。从某种意义上可以说，读不懂毛泽东就读不懂中国；反过来也一样，读不懂中国也就读不懂毛泽东。毛泽东之所以能够胜出，绝不是偶然的，归根结底就在于他始终立足于中国国情，从中国具体实际出发，灵活地、创造性地运用马克思主义。毛泽东区分了两种马克思主义，一种是"活"的马克思主义，另一种是"死"的马克思主义。他主张的是"活"的马克思主义，也就是同中国国情有机结合，指导中国人的具体实践，从而能够在中国大地上生根开花结果的马克思主义。这种马克思主义才是有生命的，是一种活在中国人具体实践中的学说。另一种则是"死"的马克思主义，即教条式的马克思主义，它仅仅是把马克思主义当作一种与具体实际无关的、抽象的、不变的、超历史的理论教条而到处套用。这种马克思主义不过是书本上的马克思主义，是没有生命力的。所以，中国革命和建设之所以取得成功，关键就在于从中国国情出发，真正把马克思主义基本原理同中国具体实际有机结合了起来。

二是社会主义和市场经济的有机结合。这主要是在邓小平的领导下完成的。人们一般认为，社会主义同市场经济是无法结合的，前者以生产资料公有制为基础，后者以生产资料私有制为基础，它们怎么能够兼容呢？有西方经济学家认为，谁要是能够从学理上解决这样一个世界性和世纪性的难题，那么他就应该获得诺贝尔经济学奖。我们党恰恰在实践中成功地实现了两者的有机结合。我们提出了在中国建立"社会主义市场经济体制"这一改革目标，并把它诉诸实践。事实表明，我们正因此才取得了举世瞩目的伟大成就，从而达到了马克思当年所谓"实践能力的明证"。

在我看来，简单地说，市场经济就是在人与人之间对稀缺资源进行配置的一种效率较高的制度安排。从历史上看，资本主义正是借助于市场经济创造了经济奇迹，推动了生产力的空前发展。对此，马克思和恩格斯在《共产党宣言》中说得非常明白，他们指出："资产阶级在它的不到一百年的阶级统治中所创造的生产力，比过去一切世代创造的全部生产力还要多，还要大。"其中的原因和秘密究竟在哪里呢？就在于资本主义充分利用了市场机制。在社会主义与市场经济相结合的条件下，我们同样能够创造出巨大的物质财富。事实也充分表明，我们的确通过这种结合创造了中国改革开放40多年来的经济奇迹。这一点谁都无法否认。

当然，把社会主义同市场经济相结合，仍然属于把马克思主义基本原理同中国具体实际相结合这一范畴，但是它又有新的特点。如果说社会主义制度安排的合法性仍然要由马克思主义来给出的话，那么市场经济就是中国特有国情所决定的一种选择。

三是马克思主义基本原理同中华优秀传统文化的结合。习近平总书记在庆祝中国共产党成立 100 周年大会上提出了"两个结合"的问题，特别是把马克思主义基本原理同中华优秀传统文化相结合突出出来。我认为，这有其特定的历史原因和历史语境，大概可以从以下几个方面来看。

第一，文化问题到了今天已经变得格外重要和突出，这是由人类历史演变的大趋势决定的。20 世纪末，美国学者亨廷顿曾发表《文明的冲突？》一文，认为人类冲突的原因在古代、近代、当代是不一样的。人类冲突最典型的形式就是战争。古代战争的爆发主要是经济问题造成的，例如掠夺财富；近代战争爆发的主要原因就由经济转移到了政治，不同社会制度之间的碰撞、摩擦导致了冲突，引发了战争；到了当代，人类冲突的主要原因又从政治转移到了文化。在今天的历史语境下，文化问题已经关系到一个国家的国家安全和国家战略。任何一位有远见的国家领导人在做出选择和决定的时候，一定要有一种自觉的文化意识和文化眼光。正因为如此，美国另一位学者约瑟夫·奈就把文化看作软实力。

第二，这也是由中国现代化的历史发展节奏决定的。中华民族追求现代化应该追溯到 19 世纪 60 年代，第一波现代化是洋务运动，也就是实业救国，寻求经济现代化，但甲午海战的失败宣告了洋务运动的破产。当时北洋水师的硬件配置水准并不亚于日本，为什么就被打得全军覆没、败得毫无尊严？这对国人刺激很大。我们发现，这不仅关乎经济问题，还涉及政治变革的问题。当时的日本已经开始"明治维新"，进行现

4

代化改革，而我们还处于封建王朝。由此，"逼"出了中国的第二波现代化，也就是戊戌变法和辛亥革命，前者是改良，后者是革命，但它们都没有成功。"百日维新"随着戊戌六君子被押上断头台而宣告破产。孙中山先生于1925年去世的时候，是带着遗憾离开这个世界的。他的遗嘱是"革命尚未成功，同志仍须努力"。怎么努力呢？就是要改造国民，所以，又"逼"出了第三波现代化，也就是"新文化运动"。显然，中国现代化的重心经历了经济、政治、文化三个环节的交替。改革开放以来，我们的现代化在一定意义上又重演了这一脉络和逻辑，其重心也是沿着经济、政治、文化依次展开的。

因此，无论是从国际还是从国内看，问题都汇集在了一个点上，那就是文化。文化的结构类似于地球，大致分为三个层次：最外面的是地壳，这是物质文化；最核心的是地核，是精神文化；介于两者之间的是地幔，属于制度文化。马克思主义同中国具体实际的结合，也是从器物、制度、精神诸层面一步步深入的。所以，马克思主义中国化的深化和发展，必然要求触及中华优秀传统文化这个最内在的核心。可以说，马克思主义基本原理同中华优秀传统文化相结合，是马克思主义中国化内涵丰富和深化的必然要求。马克思主义中国化不是"完成时"的，它是"进行时"的，是向未来敞开着的，它永远没有完结，需要不断地深化和拓展。

第三，这是我们走向文化自信的一种表现，也是文化自信的一个要求。晚清时，我们被西方列强打败，中华民族产生了一种强烈的挫折感。随着"西学东渐"，中华民族通过"西学"这面镜子，逐渐看清了自己的面目，从而有了一种文化自觉。很多名词，像"国学""中医""中国画"这些词，在古代是没有的，都是晚清以后的产物。这些称谓所指称的那

些东西，我们古已有之，但原先从不这样称呼。所以，这些名词的出现，其实就折射着东西方两大文明相遇这一特定历史语境。正是这种相遇，使中华民族的文化自觉成为可能。

但毋庸讳言，这种文化自觉一开始是表现为文化自卑的。晚清之际，我们的受挫极大地伤害了文化上的自尊。强烈的挫折感使我们出现了一种自卑的文化心理，这也是可以理解的。这种文化自卑的一个主要表现，就是所谓"全盘西化"论。当时胡适虽然不是该论说的发明者却鼓吹得最用力。当然，胡适也承认，他并不相信中国人能够百分之百地西方化。他甚至说，我在这里写"全盘西化"的文章，使用的仍然是中国的"文房四宝"，身上穿的还是长衫。但为了改造中国文化，我只好提出一个极端的口号来，其结果才能达到一个折中的状态。这不过是一种策略上的需要罢了。尽管如此，这个口号一经提出，在客观上就起到了全盘否定中国传统文化的负面作用，让人觉得中国人百事不如人，什么都不行。后来又出现了一种新形式，就是文化上的"自我殖民化"。比如，中国人生产的一种产品，本来就是供中国人自己使用的，但它的说明书什么语言都印上，就是不印中文。这并不是外国人强迫中国人这么做的，而是中国人自己心甘情愿这样做的。我认为，其中反映出来的文化心态也是一种文化自卑。

但是，在今天，中国的国家实力空前增长，使得中华民族的国际地位不断提升。可以说，我们从未像现在这样接近中华民族伟大复兴这一中国梦。这一切都使得我们的文化自信有了足够的底气。而且，中国传统文化在现代化语境中不再是负面形象，随着西方后现代主义的来临，它的当代价值也愈加表现出来。比如，"天人合一"的古老智慧，有助于当代人类缓解人与自然之间的紧张；"以义制利"的价值取向，有助于当代人类在追求物质利益时有一种道义上的自我约束，从而优化人与人之间的关系；有关提升人生境界的理念，也有助于当代人类在心灵上找到安心立命的处所，等等。英国哲学家罗素说过，如果说西方文明的优点和长处是它的科学，那么中国文明的优点和长处就是健全的人生观。因此，我们提出文化自信绝不是虚妄的，而是有充分理由的。在由文化自卑向文化自信转变的过程中，客观上要求我们必须把弘扬中华优秀传统文化格外突出地提上日程。

第四，实现马克思主义基本原理同中华优秀传统文化相结合，还是马克思主义中国化在新时代达到自为存在的需要。马克思主义传入中国，首先要让马克思主义说汉语，这本身就是中国化的第一步。海德格尔说过："语言是存在的家园。"一种语言就折射着一个民族的历史文化存在。在此意义上，语言不是工具性的，它不是"用"而是"体"；不是我们说语言，而是语言说我们，语言本身就建构着我们的存在方式。

拿汉语化了的马克思主义来指导中国人的具体实践，这其实就是实践意义上的中国化。我们在这个过程中取得的丰富历史经验，经过理论上的反思和升华，使其内在规律变成我们自觉把握了的内容，也就是深刻地揭示马克思主义中国化的具体机制、实现条件等规定。从总体上说，以前的中国化探索，往往是在"不知其所以然"的状态下实现的，我们甚至未曾刻意地去追求中国化，也没有完全自觉地把握这种中国化的内在机制及其边际条件。但是，要能动地建构21世纪的马克思主义，创造性地实现马克思主义中国化在新时代的进一步深化和拓展，客观上就要求马克思主义中国化实现由自发到自觉、由自在到自为的转变。这一转变有助于我们在马克思主义中国化的过程中少走或不走弯路，因而它也是马克思主义中国化走向更加成熟的重要标志。正是在这一历史语

境中，我们格外地提出把马克思主义基本原理同中华优秀传统文化相结合的问题。

第二个问题，是马克思主义同儒学相遇的历史必然性。这个问题，我认为大致可以从两个方面来看。

第一个方面，是从马克思的唯物史观来看。一是马克思的历史考察单位不是国家，不是地域，也不是民族，而是全球。应该说，马克思有一种自觉而清晰的全球视野，这种视野涵盖了整个人类的历史。东方社会，包括俄国、中国、印度，并不处在马克思唯物史观的"盲区"，中国也绝不是马克思唯物史观的一块"飞地"。所以，马克思主义传入中国，指导中国的革命、建设、改革和发展的实践，恰恰是唯物史观的题中应有之义，这并没有超出马克思当年的理论预期。

二是马克思在《德意志意识形态》"费尔巴哈"章中提出了一个重要论断，叫作"历史向世界历史的转变"。在马克思那里，不是说自从有了人类，就开始了"世界历史"，"世界历史"本身不过是人类历史发展到特定阶段的产物。对此，马克思在《政治经济学批判》导言中说得很明白。只有通过人类的普遍交往，不同民族、不同地域、不同国家的人们才能彼此连成一个有机整体，由此才开始了"世界历史"。"历史向世界历史的转变"，其内涵非常丰富，其中的一个含义就是：西欧资本主义国家内部的雇佣劳动和资本之间的矛盾，通过"世界历史"而"溢出"国家的范围，外化为一种全球性的现象，即世界范围内的殖民国家与被殖民国家之间的矛盾。欧洲资本主义殖民体系建立之后，整个世界就变成了一个"小村庄"，也就是所谓"全球化"。由此，也可以理解，依附理论和世界体系论等发展学说的理论根源为什么要到马克思的"世界历史"理论中去寻找。发达国家扮演的是资本家的角色，发展中国家扮演的是受雇佣劳动者的角色。这样一来，看待革命的视野也被改变了。原来认为社会主义革命只能发生在资本主义最发达的国家，因为它的社会矛盾最尖锐、最容易激化。但是，由于"世界历史"的崛起，资本主义国家内部劳资之间的零和博弈，就"溢出"了国家的范围，变成了整个世界的基本结构，表现为发达国家和落后国家之间、殖民国家和被殖民国家之间的矛盾。马克思在《关于自由贸易问题的演说》中指出："自由竞争在一个国家内部所引起的一切破坏现象，都会在世界市场上以更大的规模再现出来。"他还说过："如果说自由贸易的信徒弄不懂一国如何牺牲别国而致富，那么我们对此不应该感到意外，因为这些先生们同样不想懂得，在每一个国家内，一个阶级是如何牺牲另一个阶级而致富的。"马克思说的就是这种情形。恩格斯也曾认为，随着"世界历史"的崛起，欧洲发达资本主义国家，特别是英国，它的无产阶级也在某种程度上被资产阶级化了。这一历史语境决定了革命的重心开始由欧洲向东方转移。社会主义革命最先发生在落后的东方殖民地国家和民族就是顺理成章的事情，因为这里的人民群众最具有革命的诉求。就此而言，俄国革命也好，中国革命也好，都未曾超出马克思晚年的理论预期。它不是对马克思学说的证伪，恰恰相反，而是对它的证实。

三是马克思的唯物史观还揭示了东方社会的亚细亚生产方式特点。按照马克思的说法，亚细亚生产方式的特征很多，但最突出的就是土地国有制，像《诗经·小雅·北山》所说的"溥天之下，莫非王土；率土之滨，莫非王臣"。马克思晚年曾在给俄国女革命家、民粹派领袖维·伊·查苏利奇的复信草稿中建议，俄国可以利用建立在土地国有制基础上的"村社"制度的特点，不通过资本主义制度的"卡夫丁峡谷"而直接过渡到共产主义，以避免资本主义带给人们的一切历史的"波折"

和"痛苦"。当然，马克思同时指出，这种"跨越"必须以"移植来自资本主义的一切肯定的成果"为条件。因为"世界历史"的崛起也使得这种移植成为可能。必须强调的是，这个设想并不是马克思的一时心血来潮，它植根于马克思唯物史观的一贯立场和方法论原则。早在1877年，马克思在给俄国《祖国纪事》杂志编辑部的信中，就已经有过类似的说法。1882年，马克思和恩格斯在为《共产党宣言》俄文版写的序言当中，又重申了类似的设想。应该说，这既是马克思一贯思想引申出来的一个结论，也符合其唯物史观的基本立场和方法论原则。马克思在思想上一旦成为马克思主义者，就从未发生过思想断裂，他的学说始终是一个有机的整体。按照马克思的这个设想，一方面是跨越，一方面是移植，两者缺一不可。

从某种意义上说，俄国革命和中国革命不过是执行马克思晚年的"政治遗嘱"罢了。"十月革命"胜利之后，列宁所采取的"战时共产主义"，完成的主要是"跨越"的任务。但是，由于拒绝商品货币关系，结果导致效率低下，国内生产总值急剧下滑。实践迫使列宁做出调整。大致从20世纪20年代初开始实行的"新经济政策"，从某种意义上说也就是利用资本主义来拯救社会主义。这完成的主要是"移植"的任务。从中国的情形看，新中国成立以来有前后两个30年，如果说前30年我们完成的主要是"跨越"，那么后30年完成的则主要是"移植"。习近平总书记提出前后两个30年不能相互否定。为什么这样说？因为这两个30年是相辅相成、缺一不可的，它们在客观上共同完成了马克思晚年提出的设想。只有放在这样一个历史坐标当中去定位，我们才能真正看清并理解前后两个30年的实质和它背后的含义。因此，我们说马克思主义传入中国，并实质性地介入中国社会，改变和塑造了现当代中国的历史进程，绝不是偶然的，有其内在的必然性。

　　第二个方面，是从中国社会本身的历史际遇来看。晚清以降，西方列强凭借坚船利炮轰开了中国的大门。中华民族遇到了"三千年未有之大变局"（李鸿章语），遭受了前所未有的挫折和灾难。这使得一些中国人对本土文化失去了信心，我们发现老祖宗留下的遗产"不济事"了。这说明老路走不通。让我们殊难接受的是，中日甲午海战的惨败表明"学生打败了先生"。日本人为什么能够打败我们？原来是他们搞了"明治维新"，口号就叫"脱亚入欧"。既然是日本学习了西方近代文明特别是先进技术才打败我们的，那我们也应该走这条路。近代以来的中国人始终有一个解不开的"文化情结"：对于西方文化，我们是因憎而爱，所谓"师夷长技以制夷"（魏源语）；对于本土文化，我们是因爱而憎，所谓"爱之深，责之切"。

　　可是，走西方近代资本主义道路，客观上已不可能，主观上也不情愿。正当我们力图学习和模仿西方近代文明时，史无前例的第一次世界大战爆发了。这时我们突然发现，西方近代文明并不像原来想象的那么完美，它在带来福祉的同时，也导致了空前的灾难。具有反讽意味的是，第一次世界大战恰恰发生在 20 世纪所谓人类文明最昌明的时代。梁启超当年带领着一个庞大的考察团游历了欧洲和美国，回来后他写了一本书，叫作《欧游心影录》，宣布科学之梦破产了，对西方近代文明表示失望。科学及其代表的文化本来是一种拯救的力量，结果在第一次世界大战中却沦为人类自相杀戮的工具。

　　老祖宗的路走不通，近代西方的路既走不通也不想走。那么，出路究竟何在呢？在这个时候，十月革命一声炮响，给我们送来了马克思列宁主义。我们党早期的领袖人物，也就是中国早期的马克思主义者，像

李大钊、陈独秀、瞿秋白，包括毛泽东，都认为俄国十月革命为我国昭示了前景，代表着"第三条道路"或曰"第三种文明"。"十月革命"之路，既能够克服我国传统文化的弱点，从而使我国走向现代化，又能够摆脱西方资本主义文明的固有局限；既能够使我国实现国家富强，又能够使我们实现民族独立。所以，"走俄国人的路"就成为当年中国先进志士仁人们的不二选择。

马克思的学说很早就传入中国。有人考证，19世纪末的新闻纸上就已经零星地刊登马克思和恩格斯著作的翻译片段了。为什么它到了"五四"时期才发生决定性的影响呢？因为只有在那个时候，中国革命的合法性问题才真正被自觉地提上日程。马克思主义恰恰契合了中华民族在这一特定语境下的期待和诉求，从而成为中国人的历史选择。

第三个问题，讲一下马克思主义与以儒家文化为代表的中国传统文化相遇，以及二者在时代性和民族性双重维度上的纠结。

我们一开始看中国传统文化和马克思主义，所得到的最直观的印象，无疑是它们彼此是冲突的。在时代性维度上，它们一个是传统的，一个是现代的。在民族性维度上，它们一个是中学，一个是西学。两者不仅存在着古今之别，而且存在着东西之异。

但是，当我们对二者有了相当深入的了解之后，就会越来越多地发现它们之间存在内在会通的方面。这也符合我们一般的认知逻辑。比如，对于儒家和道家，我们一开始接触的时候，往往看到儒家是积极入世的、务实的，道家是出世的、空灵的。这是最直观的第一印象。但实际上，无论是儒家还是道家，它们所追求的最高境界都是自然而然，也就是"天人合一"。二者唯一的差别，仅仅是在次要层面，即对究竟什么才是自然而然境界的判断上存在差别罢了。在道家看来，人伦规范都是违背人天性的繁文缛节；但在儒家看来，这恰恰是人之所以为人的内在本性的要求和体现，是人之自然，不是人为强加的规定。所以，在看待马克思和孔夫子的关系问题时，我们也应该从两个不同的层面出发，一个是直观的、表面化的层面，一个是本质的、深层次的层面。

从时代性维度来看，马克思主义同中国传统文化何以能够相通？这是因为马克思的学说本质上不是现代性的，而是后现代的。马克思终其一生的使命，就是为了批判和解构资本主义。在马克思所处的那个时代，资本主义就是所谓现代社会，它构成现代性赖以产生和存在的最深刻的世俗基础和历史根源。毋宁说，现代性就是在资本主义社会土壤中孕育出来的一个产物。从某种意义上说，马克思的学说可谓是对现代性的一种釜底抽薪式的颠覆。在这个意义上，马克思的学说属于后现代范畴。那么，它同后现代主义又是什么关系呢？就试图解构现代性而言，两者有一致的地方，但马克思主义同后现代主义还具有本质区别。后者追求的是绝对的颠覆性和纯粹的破坏性，它不肯定任何东西，所以只能走向虚无主义。前者则是在破坏一个旧世界的同时建立一个新世界，它是一种辩证的否定。毋宁说，马克思主义是一种建设性的后现代主义，它并不导致虚无主义。

既然马克思主义具有后现代性，它就有了同作为前现代的儒家学说相遇的可能性了。辩证法讲的辩证否定，就是否定之否定，它意味着在更高的基础上向出发点的复归。马克思主义经过对现代性的否定，就在更高基础上向作为出发点的前现代复归。在这个意义上，马克思主义又有了同儒学相遇的逻辑可能性。

从民族性维度来看，西方文化也不是"铁板一块"。我们知道，20世纪西方哲学分为两大思潮，即科学主义和人文主义。从地域上说，前

者主要是英美哲学，后者主要是欧洲大陆哲学。中国传统文化和欧洲大陆文化具有格外的亲和性。我们与英美传统存在着相当大的隔膜，因为英美传统属于科学主义传统。所以，英美哲学传入中国之后，我们就很难把它消化掉。比如，对于分析哲学、逻辑实证主义等，我们现在总体上仍然局限于"说"分析哲学，即介绍逻辑实证主义，而不是"做"分析哲学，总之还只是个"旁观者"的角色。但是，欧陆哲学一旦传入中国就会发生实质性的影响，这种现象也非常耐人寻味。比如卢梭、康德、黑格尔的学说，再比如马克思、恩格斯的学说，还有叔本华、尼采、海德格尔、萨特等的学说，这些学说一旦传入中国，我们不再像是一个"旁观者"，而是作为一个"参与者"实现一种体认式的把握。马克思主义是欧洲大陆文化的产物，这自然就影响到它同中国传统文化的关系。

最后一个问题，就是马克思主义同儒学会通的学理依据。我在这里着重从三个方面来展开。

第一，无论是马克思主义还是中国传统文化，都高度推崇实践。中国很多学者都把中国传统社会说成是一种礼治的社会。应该说，这个观点是符合历史事实的。"礼"究竟是法律还是伦理秩序呢？我个人认为，它是法律和伦理分化之前的一种更原初的规定，后来才由此演化出法律，演化出伦理道德。按照《说文解字》的诠释，"礼"训为"履"，也就是人穿的鞋子，后引申为走路、践履、实践等，所以礼治的社会必然是特别强调实践的。我们知道，仁和礼是孔子学说的两个重要范畴，仁是内在的，礼是外在的，两者是表里的关系。仁赋予礼以合法性和内在根据；反过来，遵循礼、践履礼，则能够激发道德的觉解、对仁的自觉。前者是一种逻辑学预设，后者是一种发生学的顺序。仁义道德属于实践的领域。《礼记·曲礼上》曰："道德仁义，非礼不成。"在古希腊哲学家亚里士多德的知识分类当中，道德被归类于实践知识。一直到康德，道德的形而上学问题被归结为"实践理性"的范畴。人的德性归根结底是"养成"的，而不是"学成"的。所以，道德一定是实践性的，它必须在实际的生活中才能培养出来。一个人是无法只通过理论的学习变成一个君子的。

儒家所追求的是道德人格的成就，这一根本旨趣注定了它格外地凸显实践的优先地位。据司马迁《史记·孔子世家》记载，孔子从小就喜习礼，"孔子为儿嬉戏，常陈俎豆，设礼容"。对"礼"的践履，构成人道德自觉的条件。大家知道，20世纪最典型的一位儒家就是梁漱溟先生。美国汉学家艾恺写过一本梁漱溟传记——《最后一个儒家》。20世纪研究儒学的大师级人物很多，为什么艾恺单单说梁先生是"最后一个儒家"呢？因为梁漱溟认为儒学即生活。在他看来，儒学不是理论性的，而是生活本身。梁漱溟不是坐而论道，而是躬行实践，他在山东邹平搞乡村建设试验。正因为如此，梁漱溟才有资格被称作"最后一个儒家"。

从高度重视实践的角度来说，马克思主义也不例外。马克思把自己所创立的新哲学命名为"实践的唯物主义"。"辩证唯物主义"从来不是马克思所称，那不过是工人哲学家狄慈根的说法。可以说，马克思主义哲学的最本质、最核心、最突出的特点就是推崇实践。在《关于费尔巴哈的提纲》中，马克思把自己的哲学称作"把感性理解为实践活动的唯物主义"，也就是"实践的唯物主义"。恩格斯则称该"提纲"是"包含着新世界观的天才萌芽的第一个文献"。1845年春，该提纲由马克思在布鲁塞尔写成，一共11条，其中的最后一条大家都熟悉，就是"哲学家们只是用不同的方式解释世界，问题在于改变世界"。马克思去世后，这句话被作为他的墓志铭。可以说，这句话穷尽了马克思一生的哲学主题。马克思所主张的

新哲学，就是基于并且为了"改变世界"的。按照马克思的说法，"改变世界"也就是实际地反对和改变现存的一切。

纵观马克思的一生，他所扮演的角色就是一个"革命家"。1883年，马克思下葬的时候，恩格斯在他的墓前发表过一篇著名的讲话，其中说"马克思首先是一个革命家"。为什么这么说呢？不是因为马克思天生就有革命的偏好，而是说马克思所秉持的哲学立场内在地要求他必须扮演一个革命家的角色。革命家显然是起而实行的实践家，而不是坐而论道的理论家。马克思说实践的唯物主义者也就是共产主义者，他把这两者看作同义词。如果说实践的唯物主义者是一个哲学家角色，那么共产主义者就是一个革命家角色。在马克思那里，这两者高度集于一身。对于马克思主义及其哲学来说，实践具有本质的地位和意义。

实践的唯物主义为我们提供了一种真正有效的批判方式。马克思的时代就是一个批判的时代。康德是德国古典哲学第一位代表性的哲学家，他的三本代表性著作就是"三大批判"。和马克思同时代的浪漫派思想家施莱格尔说，批判这个词在我们这个时代已经被用烂了。马克思认为在他之前的批判方式都是无效的，苍白无力。第一种是逻辑的批判，这种批判方式天真地认为只要在人的大脑中置换掉几个概念，现实就会为之改观。马克思说，物质的力量只能用物质的力量才能摧毁，思想不能改变什么。所以，这种思辨的批判是无济于事的。马克思同青年黑格尔派决裂的一个重要原因就是，他看透了青年黑格尔派批判方式的虚假性。马克思认为，他们不过是用一种新的解释来重新肯定现存的一切罢了，虽然口头上激进地把革命喊得震天响，其实却是一批最大的保守派。第二种批判是道德的批判，它的代表就是德国的"真正的社会主义者"和费尔巴哈。这种批判方式对现实也不满意，但仅仅局限于对现实的道德谴责。你天天在那里抱怨世风日下、人心不古，现实就能够因此而改变吗？马克思和恩格斯为讽刺这种批判方式，称其为"爱的呓语"。马克思提供了第三种批判方式，那就是实践的批判，即实际地反对和改变现存的一切，诉诸感性活动，真正地变革现存事物。只有这种批判方式才是彻底和完备的，也才是有效的。因为它针对的不是结果而是原因，是一种釜底抽薪式的批判。这种实践的批判就是马克思所主张的实践唯物主义所特有的一种批判方式，只有这种批判方式才能在实践中获得证实，这也就是马克思所谓"实践能力的明证"。由此可见，在推崇实践这个方面，马克思主义和儒家的确有其一致的地方。

第二，"天人合一"和马克思学说的内在贯通。儒家讲究"天人合一"。其实不只是儒家，儒、道、释均主张"天人合一"。钱穆先生认为，中国文化的实质可以"一天人，合内外"六字概括。怎样去理解"天人合一"呢？中国古代典籍赋予"天"的含义很多，我认为"天人合一"在儒家语境中大体上有两种含义：一种是天和人作为两个实体，它们之间要和谐统一。天作为实体就是自然界，人作为实体就是人类，人类要和大自然之间保持和谐与统一，这是天人合一的第一层含义。另一种是境界意义上的"天人合一"，天和人分别代表两种不同的状态和境界。天代表自然而然的、非人为的状态，人代表非天然的、人为的状态。中国传统文化尤其是道家特别强调最大限度地去除人为性，回归到自然而然的境界中去。《庄子·秋水》说："牛马四足，是谓天；络马首，穿牛鼻，是谓人。"牛马长着四足，这就是天。因为它本来便如此，不是人为强加给它的。搞一个笼子把马头套起来，找一条绳子把牛鼻子穿起来，这就是人为了，因为不是本来如此，而是人强加给它们的。

在中国传统文化看来，凡是人为的都是糟糕的，把本真的状态给遮蔽

掉也就变得虚伪了。汉字的"伪"字就是人为的意思。道家推崇的最高境界就是"赤子之心""婴孩状态"。成人比较虚伪，因为他学到的繁文缛节把本真的状态给遮蔽掉了。所以，《庄子·田子方》说："哀莫大于心死。"最大的悲哀就是"心"死掉了。当然，这个"心"不是指肉体的心脏，而是指本真的原初状态。"赤子之心"被遮蔽了，这是最大的悲哀。

那么，马克思主义中的"天人合一"又意味着什么呢？我认为，它主要表现为两个方面：一是马克思主义哲学肯定人的本质力量的对象化，或者说是自然的人化。这意味着人能在自然界中打上自己意志和意识的烙印，使其变成人的活动的产物，也就是人的创造物。二是马克思主义哲学还追求人本身的自然化，这意味着人必须摆脱非自然的状态，按照自身内在的必然性去生存，从而实现人的解放即真正的自由。人的自然化是相对于人的不自然而言的。所谓人的不自然，即人受制于外在的、作为异己之规定的"他者"的支配和宰制，这就是人的异化状态。所以，马克思终其一生的哲学使命，就是为了克服和扬弃人的异化状态，使人达到历史的解放和真正的自由。人一旦走向异化，就陷入奴役和不自由的状态。什么叫自由？所谓自由，就是"由自"，也就是自然。

有一个笑话是关于中国著名国画家张大千先生的。张先生留着长长的胡子，很有艺术家的风度。有一次，他的弟子多事，突然问：张先生，你晚上睡觉的时候，胡子是放在被子外面还是放在被子里面呢？结果这一问，让张大千先生失眠三天。为什么呢？因为在这个问题提出之前，张先生是随心所欲、自由自在的，他的胡子怎么摆放都不是一个负担。但是经此一问就麻烦了，他需要"客观地"看待和考虑胡子的摆放问题。如此一来，他就不再自在和自由了。对他来说，胡子也由此变成一种不堪忍受的负担。心理学上有一个实验，如果命令一个人必须左腿搭在右腿上，持续 20 分钟保持一个姿势不得改变，那这个人是很难忍受的。但是，如果一个人在无意识状态下将左腿搭在右腿上，哪怕是搭 1 个小时，这个人可能也没有任何感觉。同样一个状态，是不是自由的，关键在于下达指令的来源到底是内在的还是外在的。人要遵守法律，也是被奴役吗？自由是有限度的，否则人人皆随时被别人剥夺自由。

马克思说："人以一种全面的方式，就是说，作为一个完整的人，占有自己的全面的本质。"按照马克思的说法，这就是所谓"人的复归"。它意味着人的历史解放和自由的来临，即马克思理想社会中的状态及其性质。

可见，马克思一生所孜孜以求的，一个是自然界的人化，另一个就是人的自然化。自然界的人化为人的自然化的实现奠定了历史基础。马克思在《黑格尔法哲学批判》导言中就说过，革命需要被动因素，需要物质基础。这正是唯物史观核心之所在。人的历史解放不是想象出来的，必须以客观的物质条件为基础。马克思在《德意志意识形态》中也说过，建立共产主义实质上具有经济的性质。它归根结底是由自然的人化来提供的，其归宿和目的就在于实现人的自然化。马克思在《1844 年经济学哲学手稿》中说过，彻底的人道主义就等于彻底的自然主义；反过来也一样，彻底的自然主义也就等于彻底的人道主义。彻底的人道主义就是"人"，彻底的自然主义就是"天"，这两者在马克思那里是完全统一的。我认为，这就是马克思所谓"天人合一"。

第三，"大同社会"愿景同"共产主义"理想会通的可能性。《礼记·礼运》中有一段很有名的话："大道之行也，天下为公。选贤与能，讲信修睦，故人不独亲其亲，不独子其子，使老有所终，壮有所用，幼有所长，矜、寡、孤、独、废疾者皆有所养。男有分，女有归。货恶其弃于

地也，不必藏于己。力恶其不出于身也，不必为己。是故谋闭而不兴，盗窃乱贼而不作，故外户而不闭。是谓大同。"应该说，这段话很好地刻画了儒家心目中的社会愿景，它也是中华民族自古以来所追求的理想社会状态。我认为，社会学家费孝通先生所说的"各美其美，美人之美，美美与共，天下大同"，可以很好地诠释儒家所主张的这种社会理想的深刻内涵。

那么，"共产主义"又意味着什么呢？马克思对共产主义有不同的称谓，《德意志意识形态》中的"真正的共同体"，《共产党宣言》中的自由人的"联合体"，《资本论》第三卷中的"自由王国"，指的都是"共产主义"，它意味着人的历史解放的来临、人的自由的彻底实现。马克思早在《1844年经济学哲学手稿》中就提出，共产主义意味着人的个体和类之间矛盾的彻底解决。在他看来，人之所以陷入不自由，亦即奴役或异化状态，就是因为人的个体和类之间互为外在化，从而陷入彼此的对立，这表现为特殊利益和普遍利益之间的矛盾。共产主义意味着特殊利益只有以普遍利益为中介才能实现自我肯定；反过来，普遍利益也只有通过特殊利益才能肯定自身。如此一来，它们就变成一种内在的互为中介、互为条件的关系。所以，在共产主义条件下，人的个体自由必须以共同体的自由为绝对前提，反过来也一样，共同体的自由也必须以人的个体自由为绝对前提，二者是相互肯定、相互成就的关系。不然，人的自由就只能是一句空话。

一方面，马克思说："每个人的自由发展是一切人的自由发展的条件。"另一方面，马克思又说："只有在共同体中，个人才能获得全面发展其才能的手段，也就是说，只有在共同体中才可能有个人自由。"或者说，"在真正的共同体的条件下，各个人在自己的联合中并通过这种联合获得自己的自由"。这充分表明，人的个体与类的矛盾的彻底解决，就是两者的双重解放。它们互为条件、互为中介，其关系不再具有外在的、异己的性质。如此一来，一个人的自我实现不再以牺牲和否定他人的自我实现为条件，而是以肯定他人的自我实现为条件。反之亦然。这也就是说，人与人之间、人的个体与类之间，不再是相互否定的关系，而是相互肯定的关系。这不正是儒家所孜孜以求的"大同理想"吗？由此，也就不难理解马克思主义传入中国后，为什么中国人对它没有陌生感。当时进入中国的西方思潮不下几十种，马克思主义最后之所以能够胜出，其中的原因何在呢？我们对马克思主义之所以格外具有认同感，在社会愿景和社会理想层面上的一致性，无疑是一个很重要的原因。

# "第二个结合"打开中国文化创新空间

杨朝明

  中国特色社会主义深深植根于中华文化沃土，中国革命和建设中理论成果的两次飞跃都与中华文化分不开，且都伴随着思想解放、实事求是。

  2013年11月，习近平总书记来到山东曲阜，在孔子研究院举行专家学者座谈会，鲜明地提出要推动中华优秀传统文化创造性转化、创新性发展，要求在"四个讲清楚"上下功夫，传递了大力弘扬中华优秀传统文化的重大信号，具有思想解放的意义。随后，习近平总书记多次对弘扬中华优秀传统文化做出重要论述，特别是创造性地提出了"两个结合"的重大论断，为铸就中华文化新辉煌指明了方向。

  2023年6月，在文化传承发展座谈会上，习近平总书记指出："在五千多年中华文明深厚基础上开辟和发展中国特色社会主义，把马克思主义基本原理同中国具体实际、同中华优秀传统文化相结合是必由之路。""第二个结合"是又一次的思想解放，具有重大意义。这一论断符合中国历史文化领域的实际，只有大力解放思想、正本清源，进一步认清学术的中国、思想的中国，才能守正创新，打开中国文化创新的广阔空间，破除学术与思想禁锢，走出“西方中心主义”的迷失。

## 一、正确认识作为“文明”存在的中国

中国首先是一个伟大文明的存在，中国以国家的形式承载了一种文明。但是，出于种种原因，人们对学术的中国、思想的中国似乎感到陌生。因此，只有科学、准确地认识中国，才能理解古代中国、现代中国、未来中国。

近代以来，中华民族遭受前所未有的外敌入侵，国家蒙辱、人民蒙难、文明蒙尘。人们在反思落后原因、探索中国前途时，出于对外来蹂躏的痛心疾首，出于国强民富的迫切愿望，在思考中国自立于世界民族之林的道路过程中，对自身文化的认识出现了巨大分歧与空前迷失。

随着中国经济的发展，世界开始瞩目中国，世界有识之士也开始思考中国经济发展背后的文化原因，开始从本质上认识中国。例如，美国前国务卿基辛格认为，近代中国的落后或许只是历史上一个短暂的意外，这并不是常情。他认为，西方国家的建立往往总有一个开端，但中国似乎没有这个概念。基辛格在《论中国》中说，中华文明的一个特点是似乎没有起点，中华文明是作为一种永恒的自然现象在历史上出现。

在中华传统文明的演进过程中，孔子创立儒学是一个高峰。孔子立足于他所处的时代，承前启后，继往开来，成为“中国文化之中心”。柳诒徵在《中国文化史》中说：“孔子者，中国文化之中心也。无孔子则无中国文化。自孔子以前数千年之文化，赖孔子而传；自孔子以后数千年之文化，赖孔子而开。”梁漱溟在《东西文化及其哲学》中说：“孔子以前的中国文化差不多都收在孔子手里，孔子以后的中国文化又差不多都由孔子那里出来。”钱穆在《孔子传·序言》中说：“孔子为中国历史上第一

大圣人。在孔子以前，中国历史文化当已有两千五百年以上之积累，而孔子集其大成。在孔子以后，中国历史文化又复有两千五百年以上之演进，而孔子开其新统。在此五千多年，中国历史进程之指示，中国文化理想之建立，具有最深影响最大贡献者，殆无人堪与孔子相比伦。"

前辈学者都看到了孔子思想的继承性，这一点极其重要。近代以来，中国学术界长期盛行疑古思潮，人们对孔子以前中国文化的发展水平总体呈现偏低估状态，严重制约着对包括孔子、儒学等在内的传统文化的认识。孔子虽然生活在两千五百多年以前，但他总结并继承了在他之前数千年的中国文化。《中庸》等典籍说孔子"祖述尧舜，宪章文武"，《论语》记孔子说自己"述而不作，信而好古"，这不仅体现了孔子的文化观，更重要的是他之前的文化令他"好古""尊古"。首先必须清楚的是，孔子往回看是为了往前看，他是在历史过往中寻找解决现实问题的方案。

中国文化是多源起源的，考古学家用"满天星斗"来比喻中国上古文明遗址的分布，七八千年以前的文化遗存可谓星罗棋布。然而，多源未必就是多元，在多源起源与发展之中，各区域文化发展也不平衡。各个地域之间相互交往，互相影响，文明发展要素呈现出彼此相似的表征，一些区域处在了文化发展的领先位置。在尧舜时代以前，中华民族共同体意识就已经处在形成发展之中，中华文化一万年之说绝非空穴来风。中国易学上的"人更三圣，世历三古"，就让人建立起从伏羲到孔子的文化联想。

认识中国上古文化，需要把握王国维倡导的"二重证据法"，必须"地上""地下"相结合。考古发现固然重要，但考古发掘的文物毕竟只是文化的一部分，甚至是很少的部分，因此必须对文献记载、历史传说给予充分重视。清华大学出版社2022年出版了李学勤先生的《〈五帝本纪〉〈夏本纪〉讲义》一书。该书记述了李学勤先生讲授《夏本纪》时的最后一课。他在结束语中这样说:"大家常说现在是中国考古学的黄金时代,我说最好别这么说,中国太大了,历史太长了。欧洲的考古进行了二百多年,还有很多可以做的工作,中国的考古工作,能做的事情还多得很。"历史传说中存在着史实的"素地",我们可以视伏羲文化为中国文化的源头,在这样的基础上去思考中国文化的长度。在黄河流域,到处都有伏羲文化、黄帝文化的传说。据说,伏羲不仅创立了八卦,还教民渔猎、驯养野兽,变革婚姻习俗,创造文字用于记事,又创造歌谣、发明乐器、设官分治等,甚至具有了创世神的形象。许多发明发现都归于伏羲,"伏羲"一定是一个不寻常的存在。[1]孔子以前,有关于"黄帝三百年"之说。据《孔子家语·五帝德》记载,孔子的弟子宰我向孔子请教:"昔者吾闻诸荣伊曰:'黄帝三百年。'请问黄帝者人也,抑非人也?何以能至三百年乎?"孔子解释说:"……民赖其利,百年而死;民畏其神,百年而亡;民用其教,百年而移。故曰'黄帝三百年'。"孔子自然不相信一个人在世上生存数百年之久。这样的解释隐含着一个问题,就是人们为什么把相关的一些发明发现和文化创造附会到他的身上。与伏羲被视为中华民族的"人文始祖"一样,黄帝被看作"人文初祖"。与伏羲相比,与黄帝有关的发明发现更多。那么,"黄帝"又是一个什么样的存在?

中华民族共同体意识之所以核心稳定、向心力强,就是因为它形成的历史非常久远。儒学的形成标志着中国文化精神的成熟与定型,而儒

---

[1] 参见杨朝明《黄河文化与中华民族共同体的形成》,《山东省社会主义学院学报》2002年第3期。

学的源头就建立在世人观察自然的基础上。儒学的根基是关于人本身的思考，通过孔子与易学的关系，能看到这种天人思维的脉络。从遥远的伏羲时代开始，直到文王、周公、孔子，中国文化源远流长，这正是儒学的深厚根基。

中国思维体现在中庸哲学中。古代天人合一的思维反对将天与人相互对立，讲求天与人二者的统一。《孔子家语·礼运》讲："夫礼，必本于太一，分而为天地，转而为阴阳，变而为四时，列而为鬼神。……其居于人也曰养。"《周易·序卦》说："有天地然后有万物，有万物然后有男女，有男女然后有夫妇，有夫妇然后有父子，有父子然后有君臣，有君臣然后有上下，有上下然后礼义有所错。"宇宙观决定世界观，世界观决定人生观，人生观决定价值观。

中国历史文化连绵不断，中华文明的连续性与它的创新性、统一性、包容性、和平性密切相关、高度统一。中国文明被称为儒家文明，具有显著的不断创新、和谐统一的特性。有西方人士看到，在孔子学说的影响下，"伟大的中华民族比世界上别的民族更和睦和平地共同生活了几千年"。这是孔子儒学思想作为中华文明底色的伟大意义所在。

## 二、人文主义传统与孔子儒学思维

中国从近代的屈辱中走出来，很多人依然没能摆脱由此造成的对自身文化的迷茫与怀疑。我们要学习世界上一切优秀文明成果，但绝不能对历史抱有虚无主义的认识，也不能以为自己站在历史的顶点上。中国人对自己的文化，应该像钱穆先生当年在《国史大纲》中所告诫的那样，抱有一份"温情与敬意"。曾几何时，我们曾怀疑一切，从而丧失了话语权。新文化运动时期有人提出："打倒孔家店，救出孔夫子。""科学与民主，第一要自主。"中华民族是最有资格谈自主的民族，不明白这一点，就无法理性看待中国数千年的和谐与和平。

中国疑古思潮的盛行带来了学术的迷茫，许多古书被打入"伪书"行列，许多思想史著作被弃置不用，许多古籍记载得不到应有认识，一些典籍的成书年代被严重后置，先后关系颠倒舛误，学派属性认知迷乱。例如《孔子家语》，该书具有极其重要的价值，但没有得到应有的重视，严重影响了我们对中国古代文明的认识。

正如《庄子》所说："古之人其备乎。"孔子集上古历史文化之大成，他思想中的道术性质，使之具有"天地之美""万物之理"（《庄子·知北游》）。孔子说"礼也者，理也"，礼者，理万物者也。考古学证实龙山时代就有了礼制。夏、商、周三代递相损益，形成了"郁郁乎文哉"的周代礼乐文明。西周初年是中国历史的特殊时期，"文武之政""周公之训""成康之治"值得大书特书。周公是孔子以前、黄帝以后最重要的人物。他帮助文王、武王取得了天下，又辅佐成王巩固了天下。他经天纬地、制礼作乐，奠定了中华礼乐文明的基础。周代走出了对天命、鬼神的膜拜，这是一种人文理念高度升腾的文化。孔子崇拜周公，常常"梦见周公"，他"从周""宪章文武"，思考礼乐制度何以得到更好遵守的问题，由此形成了博大精深的思想体系。

中国文化人文主义底蕴极其深厚。"中国"最初就是一个文化概念。据西周青铜器"何尊"铭文，武王克商之后欲营建洛邑，他"廷告于天"，曰："余其宅兹中国，自兹乂民。"《尚书·梓材》说"皇天既付中国，民越厥疆土于先王"，这里"中国"也与"四夷"相对。尧、舜、禹有递相授受的"十六字心传"，即《尚书·大禹谟》所记"人心惟危，道心惟微，惟精惟一，允执厥中"。由于受《尚书》真伪问题的影响，人们

对《论语·尧曰》中的相关记载也存有疑虑，所幸清华简《保训》整理问世，证明其中的说法完全可靠。儒家的中庸思想来自中国自古就有的尚中传统。

夏商周三代文化递相损益，不断进步。《论语·为政》记孔子说："殷因于夏礼，所损益可知也；周因于殷礼，所损益可知也。其或继周者，虽百世，可知也。"《礼记·表记》则说："夏道尊命……殷人尊神……周人尊礼尚施，事鬼敬神而远之，近人而忠焉。"后世有历史学家称三代文化分别为尊命文化、尊神文化、尊礼文化。而周代的"尊礼文化"就是一种人文文化。周公制礼作乐不是凭空进行的，而是在总结继承前代历史文化的基础上，建立起一系列法则。孔子说："周监于二代，郁郁乎文哉！吾从周。"（《论语·八佾》）

不理解周公制礼作乐的历史实际，就无法完整理解孔子。孔子尊崇周公，他于晚年慨叹："甚矣吾衰也！久矣吾不复梦见周公。"（《论语·述而》）周公之所以是孔子魂牵梦绕的人物，正是因为他制礼作乐的文化创造。孔子适周向老子问礼，最大的可能就是为了观《周礼》。孔子认为"老聃博古知今，通礼乐之原，明道德之归"（《孔子家语·观周》），于是远行洛邑，了解"礼乐之原""道德之归"。"礼乐之原"即礼乐的根本，应指国家顶层制度设计，即设官分职的政治架构，此乃政治运行机制。"道德之归"也应在《周礼》之中。《孔子家语·执辔》记孔子说："古之御天下者，以六官总治焉。"六官即天官冢宰、地官司徒、春官宗伯、夏官司马、秋官司寇、冬官司空。六官之中，"冢宰之官以成道""司徒之官以成德"，此乃国家管理的根本所在。

南宫敬叔最初请求国君支持孔子，他对鲁君说："今孔子将适周，观先王之遗制，考礼乐之所极，斯大业也。"（《孔子家语·观周》）"先王之遗制"应该指文、武、周公制度，"礼乐之所极"即礼乐的根本或标准。这与孔子所说"礼乐之原""道德之归"同义。孔子的洛邑之行达到了目标，对访问结果非常满意。他还问礼于老聃，访乐于苌弘，历郊社之所，考明堂之则，察庙朝之度。他感慨地说："吾乃今知周公之圣，与周之所以王也。"这可能正是因为他看到了《周礼》（即《周官》）的制度设计。作为职官制度的记载，《周礼》是一部极其特殊的典籍，因为它作为国家制度设计，不需要一般人研习，只需为天子和王公大臣所明所知，流传不广。老聃是"周守藏室之史"，司马贞《史记索隐》曰："藏室史，周藏书室之史也。"老聃的身份使他有条件研读《周礼》这类典籍。

孔子时代，周公制定的礼乐制度出现了崩坏的趋势，孔子希望能力挽狂澜，扶大厦于将倾，但无力挽回颓势，他直到临终还慨叹："泰山其颓乎！梁木其坏乎！哲人其萎乎！"（《孔子家语·终记解》）基于这样的情势，孔子创立了博大精深的仁学体系。不难理解，孔子是"接着周公说"的，他思考周公怎样制礼作乐、礼乐大厦何以崩塌、怎样建设才能使大厦根基牢固。孔子以此为起点深刻反思，他说："人而不仁，如礼何？人而不仁，如乐何？"（《论语·八佾》）又说："礼云礼云，玉帛云乎哉？乐云乐云，钟鼓云乎哉？"（《论语·阳货》）这诚如《商君书·画策》所说"国皆有法，而无使法必行之法"，人是最为关键、最为根本的因素。

孔子常常念及"文武之政"，他创立儒家学说就是效法周政。《淮南子·要略》说："孔子修成康之道，述周公之训，以教七十子，使服其衣冠，修其篇籍，故儒者之学生焉。"孔子钟情于周代礼乐，以"为东周"为志向，孜孜以求，"造次必于是，颠沛必于是"（《论语·里仁》），他周游列国十四载，为的就是"得君行道"。汉唐以来，人们之所以将"周

孔"并称，正是由于孔子与周公的渊源。在人类文明研究中，我们似乎习惯接受德国哲学家雅斯贝斯的"轴心时代"理论，认为孔孟老庄时代是中国文明的突破期，其实这一理论并没有关注中华文明在诸子时代以前的漫长发展，没有注意中国许多思想家何以那样尊崇古代"先王"。中国学术研究的进展与考古材料一再证实，尧舜以来尤其夏商周"三代"时期的中国文明已经有漫长的发展历程，有较高的发展水准。春秋战国时代是中国思想文化辉煌灿烂、群星闪烁的时代，出现了"百家争鸣"的局面。我们认为，世界对中国古文明的了解非常有限，这样的情形恰恰是中国学术界自己造成的。如果要在中国找一个"文明突破期"，那么它应该在殷末周初的文武周公时代。

孔子崇尚先王，主张以先王之道培养大人君子，唤醒人心，明心见性，以明德引领风尚。儒学就是关于"人"的学问，研究人性与人的价值。儒家从人的本质属性出发，思考"人之所以为人者"（《礼记·冠义》）、"人之所以异于禽兽者"（《孟子·离娄下》），认为人需要追求更高层次和境界，因而要正心诚意，学以成人，止于至善。对于自己的主张，孔子充满了自信。在他看来，礼制和礼仪都表达着礼义，只有人们认知礼义，把握并自觉遵循礼的精神，才能人心和顺、社会和谐，这是虽历百世都不会改变的道理。

思维深度决定了认知宽度。孔子为中都宰，"制为养生送死之节"，为政仅仅一年，就成为各地诸侯学习的样板。鲁君希望用他的办法治理鲁国，孔子认为"虽天下可乎"（《孔子家语·相鲁》），有人请教十代以后治世是否可知，孔子回答"虽百世，可知也"（《论语·为政》）。孔子认为礼的形式不断损益，但礼的实质不会变化。此即孔子所说"礼也者，理也"。《礼记·礼器》也说："礼也者，合于天时，设于地财，顺于鬼神，合于人心，理万物者也。"有人向孔子请教怎样才能处处通达，孔子以六字相告："言忠信，行笃敬。"他认为，真正做到这六字，"虽蛮貊之邦行矣"（《论语·卫灵公》）。孔子之道一以贯之，此即人与人相处的忠恕原则，人做到"己所不欲，勿施于人"，就抓住了正身修己的关键。欲明礼，就要有修身的自觉，这一切其实都在于德性的觉知，所以孔子说："我欲仁，斯仁至矣。"（《论语·述而》）社会要和谐，人心要和顺，就必须修己以安人。

### 三、荣誉责任意识与世界精神重建

中国文化强调荣誉与责任，注重提升气质和素养。清朝末年，时任日本教育外相的菊池男爵请辜鸿铭先生翻译"名分大义"四字，辜鸿铭译为"荣誉和责任的重大原则"。荣誉与责任是中国国家观念的基础，也是中华文明存在的基础。

中国的荣誉与责任意识突出体现在孔子"天下为公"的大同社会政治理想上。从孔夫子到孙中山，以至于今日，中华民族这样的追求一以贯之。孔子说："大道之行，天下为公，选贤与能，讲信修睦。故人不独亲其亲，不独子其子。老有所终，壮有所用，矜寡孤疾皆有所养。货恶其弃于地，不必藏于己；力恶其不出于身，不必为人。是以奸谋闭而弗兴，盗窃乱贼不作，故外户而不闭。谓之大同。"（《孔子家语·礼运》）所谓"天下为公"，就是人们修公德心。这是希望人们休戚与共、协同一致，有明确的社会性意识，扶危济困，互相关心，而不是各行其是、自私自利，更不是损人害人、弱肉强食。

正如孔子儒学继承了此前数千年的文明成果，孔子儒家的社会理想也是中国文化数千年内生演化的结果。尧曾对舜说："天之历数在尔躬，

允执其中。四海困穷，天禄永终。"（《论语·尧曰》）他看到了认知天命，履行天命，诚心诚意奉行中道的重要性。西周初年，周公大力倡导"敬德保民"，将政治与伦理相融合，使礼乐文明成为中华文化的底色，从而使成王、康王开创了中国历史上记载最早的太平盛世——"成康之治"。《史记·周本纪》说："故成康之际，天下安宁，刑错四十余年不用。"这成为后世儒家的理想政治样板。

春秋末年，在中国历史大转型、大变革之际，孔子集三代文化之大成，发出了时代最强音，这就是他"大道之行，天下为公"的社会理想。孔子曾说："老者安之，朋友信之，少者怀之。"（《论语·公冶长》）他和弟子后学周游奔波，以求经国济世，希望人心和顺、社会和谐、天下和平。孔子虽然没有说服那时的君王，也看似没有走出时代困局。但正是这样的困局，让孔子有了更多更深的思考，使他对政治文明追求、中华文明底色、人类文明根基的思索更深沉、表达更周详。东汉王充称"文王之文在孔子，孔子之文在仲舒"（《论衡·超奇》）。孔子继承了文王、武王的政治理念，董仲舒则继承发扬孔子的政治学说，实现了孔子当年渴望实现而终未实现的政治实践，引导了中国的政治文明。

在中国封建社会两千多年的发展历程中，制度的变革发展、缝缝补补是常有的事，但是制度框架并没有发生根本变化。历代王朝如一条稳健航行的巨轮，即便换了舵手，也并没有改变它行进的方向和动力系统。近代以来，这艘巨轮遇到了正面撞击，几乎面临倾覆的危险。于是，人们开始思考航向、道路选择、动力系统构建等问题。在艰难困苦的现实面前，有识之士开始了正本清源的努力，看到了中华文化的特质，主张返本开新、综合创新、革故鼎新，实事求是地继承和发扬中华文化固有精神，使中国阔步而自信地走上了民族复兴之路。

中华文明一统多元，具有极强的包容性、凝聚力。中华文明有力量，正源于对人心的思考。中国先哲提出以"道心"引导"人心"，予思想以正确的方向、正确的出口，这样的做法关乎现代文明的建立，适用于整个人类社会。"人心惟危"，人心多元，于是需要凝聚人心，中国思想家强调具有整体或共同意义的"一"。中华思维的独特与智慧恰在于"一统"与"多元"的对立统一。在奋斗目标上一统，在具体措施上多元；在主流价值体系上一统，在阐释系统、表达形式上多元。每个国家都有自己的历史传统、文化积淀、基本国情，其发展道路必然有自己的特色，中国也不例外。中国尊重每个国家的自主选择，尊重"多元"，主张共建人类命运共同体。

在中国式管理中，人们最尊重和推崇孔子所说的"政者，正也"。在孔子的思想中，"为政"即"为正"，为政者正，才能引导天下正。古代所说的"大学"是"大人之学"，目的在于培养有格局、有情怀、有担当、有境界的社会管理者，"大学之道"使人们格物明理、正心诚意。诚如《大戴礼记·保傅》所说："夫习与正人居，不能不正也。"当明德向善之人越来越多的时候，人们就"目见正事，闻正言，行正道，左视右视，前后皆正人"，于是就有了良善的社会风气、美好的社会政治。只有坚持用明德引领风尚，才能形成尊道德、崇道德、守道德的社会风尚。

孔子说"为政在人"，说"君君、臣臣、父父、子子"，其内在的深刻意义在于君臣父子各有职责与素养的要求，贵在各司其职，各尽其能。他尤其强调"君"的引领作用。聚焦中国之治，制度的生命力在于执行。无论是国家治理体系的构建，还是治理能力的提升，关键在于承载中国气质、中国精神、中国力量的奋斗者。在新的时代，人们对美好生活的向往，不仅在于物质生活的改善，还在于发挥人的理性光辉，将"人之

所以为人"的观念呈现出来、传承下去。

中华民族现代文明建设要解放思想、守正创新，同时发扬光大传统文明，把握其内在精神实质。只有打开中国文化的创新空间，才能形成共同的价值取向，源源不断生发"不忘初心、牢记使命"的责任。

# 政德为何有力量

孔新峰

今天通过这样一个题目，向各位来讲述我近年来对习近平总书记关于"领导干部要讲政德"等重要讲话精神的一些学习体会。

## 一、政德的起源

2005年，时任浙江省委书记的习近平同志在《光明日报》发表文章《弘扬"红船精神" 走在时代前列》，强调弘扬"红船精神"，提出要坚持人民利益高于一切的政德。后来他又在《之江新语》的两篇文章中谈到了政德，讲到读书修身、从政以德，告诉我们政德这样一个当代词语背后的传统文化脉络。毫无疑问，政德是儒家思想的一个重要内容。孔子讲："为政以德，譬如北辰，居其所而众星共之。"孔子所说"为政以德"中的"以德"就是多读书，修政德。另有"不患位之不尊，而患德之不崇"。当我们讨论政德的时候，不免会牵扯到一个基本的关系，就是德和位的关系。

习近平总书记说要加强政德修养、打牢从政之基。党的十八大之

后，召开过两次全国组织工作会议，对我国的干部组织工作包括干部的选拔任用监督、教育培训、德性修养等做出了诸多论述，提出了很高的要求。2018 年"两会"期间，习近平总书记说："领导干部要讲政德。政德是整个社会道德建设的风向标。立政德，就要明大德、守公德、严私德。"2019 年，习近平总书记在中央和国家机关党的建设工作会议上提出，要抓好纪律教育、政德教育、家风教育。这三个教育是并举的，除党的纪律和传统的家风之外，中间的一个维度是政德。德性的建设，一方面在于素质的精良，一方面在于政德。孔子曾讲过："君子之德风，小人之德草，草上之风必偃。"《白虎通义》明确地讲，"君子"是道德之称。而"立政德"有三个维度：一曰大德，二曰公德，三曰私德。这三句话言简意赅，值得我们好好揣摩。政德可理解成两个维度，一个是集体性政德，一个是个体性政德。如果我们深入到中国政治文化基因中，就会发现所谓德实际上牵扯到史，也牵扯到经，即我们经常说的经史传统，经和史中闪耀着德性政治的光辉。

在庆祝中国共产党成立 100 周年大会上的讲话中，习近平总书记提出，1840 年鸦片战争以后，"国家蒙辱、人民蒙难、文明蒙尘"。所谓中华实际上是由国家、人民、文明构成的。习近平总书记还提出"九个必须"，其中第三个是"必须继续推进马克思主义中国化"。推进马克思主义中国化，要坚持把马克思主义基本原理同中华优秀传统文化相结合。习近平总书记对领导干部要讲政德的要求，从德性政治的角度来讲，就是要回溯到中华文明的文化基因中去。我认为孟子是把德性政治谈论得最彻底的一个，他曾讲什么是大人、美人，"充实之谓美，充实而有光辉之谓大"。儒家文化很看重人格、大人。朱熹说，大学就是大人之学。习近平总书记也强调指出，"对国之大者要心中有数"。"我们党是世界上最大的政党，大就要有大的样子。"道德理想主义、政治理想主义的现代价值不容我们低估。

## 二、德和道的关系

政德之上还有一个政道，德和道的关系其实是人和天的关系。那么，天道、人德哪一个更高呢？这取决于我们怎样看待天和人的关系。传统上，大家会说人是在天地之间，中国人特别是先秦儒家很强调天道和人德的这样一种关联，家规、乡约即这种强调的体现。人要敬畏和追求道德，并且基于对自然和社会规律即天道的自觉的发现揣摩，在人世间以德行道。在人世间行道的方式可以具化为德，所以道和德具有一定的相对性，比如说不同的时代、不同的空间里道德可能会有变化。但是，道德是有底线的，其实就是孔子曾讲过的恕道，即"己所不欲，勿施于人""己欲立而立人，己欲达而达人"。中华先民实际上具有浓厚的道德意识，并且流传久远，正如习近平总书记所说，只要中华民族一代接着一代追求美好崇高的道德境界，我们的民族就永远充满希望。可见，道德在中华文明传承中的重要地位。

道德有两个层面：一个是德性，一个是德行。德性是什么？德性是自然而然，生来如此。德行是有样学样，有意模仿。德性往往体现在历史中，尤其是成功者的历史、创业者的历史中。中国古人说，有盛德必有大业，"大业""外王"需要以心性为基础。内在性的基础叫"盛德"，自春秋始，仁义礼智信、温良恭俭让统称为德。据《三国志》记载，刘备在白帝城托孤时说了一番话。这番话体现了三个层次的德。第一，勿以恶小而为之，勿以善小而不为。此处所说的德是日常行善之德，便是今人所习用的道德观。第二，惟贤惟德，能服于人。这是一种服人之德，

可以为领导者带来正当性，将道德号召力转化为政治号召力。第三，汝父德薄，勿效之。这是强调德与命相关，德实际上就是命。命又包含三个层面：第一层是"天命"，第二层是"使命"，第三层是"革命"。孟子说"独孤臣孽子，其操心也危，其虑患也深，故达"，认为忧患意识可以产生德慧。政德实际上指的是古典德性政治，敬天爱人，以德配天，修德配命。中国共产党始终秉持这样一个正确的原则，即"以德配位"，德治就体现在我们始终秉持中国人的德性。"盛德"是"大业"的基础，中国共产党讲"伟大自我革命"、"伟大社会革命"、牢记初心使命等，这里面包含着命的三个层面。

### 三、德与法的关系

"德政"的内在本质是"仁义"和"信托"（而非"霸权"和"契约"），外在体现是"礼乐"为主、"政刑"为辅（"明德慎罚"）。德和罚不同，德用于自家人，即族内用德，族外用争。周人把明德的范围不断外扩。《礼记·大学》讲"古之欲明明德于天下者，先治其国"，明明德于天下即明大德于天下，把德变成一个普遍适用的治理工具。王国维讲："皆周之所以纲纪天下。其旨则在纳上下于道德，而合天子、诸侯、卿、大夫、士、庶民以成一道德之团体。周公制作之本意，实在于此。"《大学》里讲，从天子至庶民百姓，人人都应以修养品性为根本，蛮夷戎狄都可以纳于道德。这里所指的是天下认同、文明认同，不是仅基于一个种族的认同。周人奠定了这样一种政治品格——天下为怀、同心同德、纳上下与四方于道德、近者悦远者来、兴灭国、继绝世、慎终追远，这是"把人当人看"的政治，是驱除神权的政治。

德性政治并不排斥制度和法治，而是在此前提下高度关注政治担当者的贤能素养。换句话讲，德性和法治一个都不能少。中国传统德性政治的基本内涵与儒家思想密切相关。儒家"礼乐刑政"治理手段下的国家，反映了中国古代传统国家的典型形态，也可以把它称作儒法官僚制国家。赵鼎新先生的《儒法国家》一书就是讲儒法官僚制国家。单纯靠德政或者把德政理解成只是看重治人，不看重治法，那是错误的。毛泽东在1949年6月30日建党28周年前夜，也是全国革命即将胜利的时候，写了一篇文章《论人民民主专政》。毛泽东讲我们有三件战胜敌人的主要武器：第一个是党领导的军队。第二个是党领导的各革命阶级各革命派别的统一战线。其实居于首位的是党本身，但在党前面，毛泽东用了很长的定语："有纪律的，有马克思列宁主义理论武装的，采取自我批评方法的，联系人民群众的。"这四组定语就体现了中国共产党的德性。第三个是党的建设。所以，我们不忘初心、牢记使命，我们的党史学习教育等背后有着"以德受命"的传统因素。

## 四、德与福的关系

有德是不是一定有福？儒家在"福"之外，发明了另外一个字——"幸"。有一些无德者看似有福，但儒家不把这种情况叫作福，而是把它叫作"幸"。孔子曰："人之生也直，罔之生也幸而免。""幸"这个字，实际上更多的是强调一种概率。德和福的关联是非常强的。《中庸》里有"四必得"，即"大德必得其位，必得其禄，必得其名，必得其寿"。"德不纯而福禄并至，谓之幸。"夫幸非福，这里还有一个说法，即《左传》所言："天之假助不善，非祚之也，厚其凶恶，而降之罚也。"

仁者寿，大德者必得其寿。习近平总书记在河南省兰考县委常委扩大会议上的讲话中说："当个贪官，整天提心吊胆，幸福感也确实不高，

而且很容易得心脏病，睡不踏实啊！"《大学》里面讲："言悖而出者，亦悖而入；货悖而入者，亦悖而出。"关于德和福的关系，《中庸》讲："君子素其位而行，不愿乎其外。素富贵，行乎富贵；素贫贱，行乎贫贱；素夷狄，行乎夷狄；素患难，行乎患难。君子无入而不自得焉。"自得是一种不为外在境遇所改变的内在的心灵秩序。自得需要强大的心灵基础。孟子将其表述为："富贵不能淫，贫贱不能移，威武不能屈。"范仲淹在《岳阳楼记》里面也有一种表述："不以物喜，不以己悲。"《中庸》有言："上不怨天，下不尤人。故君子居易以俟命，小人行险以徼幸。"即君子尽人事而待天命。小人行险以徼幸，成功细中取，富贵险中求，这种侥幸心理是不可取的。上述是儒家关于德和福关系的一些论述。

### 五、政德和道德的关系

政治事务是非常复杂棘手而且崇高的人类事务。按照西方亚里士多德的看法，城邦共同体是最高之善，人是政治的动物、城邦的动物，要追求最高的善业，就要过政治生活。所以，政治生活、政治事务不能够交给 AI。当我们强调社会科学一定要理性化的时候，恰恰儒家很强调人情的重要性。人情不是讲面子，人情是有温度的。所以，政德跟普通人的道德不是一回事。

政德有两个体现，第一是公共示范效应。孔子有言："君子之德风，小人之德草，草上之风必偃。"济南趵突泉有一个牌匾——"源清流洁"，源头是清澈的，下游才有可能是干净的。政治道德影响政治生态，影响社会生态，影响大众道德。"有什么样的人民就有什么样的政府""有什么样的政府就有什么样的人民"，当我们讨论政德的时候，"政府"和"人民"的因果关系不可倒置。领袖是特别需要率先垂范"君子德风"的。

第二是公共利益导向。领导干部个体所讲的德不同。韦伯曾区分过意图伦理政治和责任伦理政治，后者是要计算后果的，富有很强的实践智慧和极强的情境性。孟子说过这样一番话："大人者，言不必信，行不必果，惟义所在。"义者，宜也。政治领域中并没有绝对意义上的道德审判，更强调责任，强调后果，强调情境。孔子对管仲的评价很有代表性，他说，管仲作为个体，奢靡、僭越不知礼；但是管仲作为政治家，他是一个大人物，能够辅佐齐桓公九合诸侯，不以兵车，用较小的牺牲换取了较大的和平。"管仲相桓公，霸诸侯，一匡天下，民到于今受其赐。"他认为到今天人民还活在管仲的功业之下。"微管仲，吾其被发左衽矣。"可见，政德有别于普通人的道德。韦伯也说以政治为业是志，做一个政治家并不是仅仅把热情投入进去，还要坚韧，还要有判断力，这也表明政德不同于普通人的道德。

## 六、党和政德文化基因的关联

中国人很强调文化。山东是孔孟之乡，尤其注重文化，尊师重教。但关于什么是文化，有很多不同的说法。《周易》讲："观乎人文，以化成天下。"文化就是"以文化之"，是动态的。文化的定义有很多，有学者认为文化是一个民族的集体人格。集体人格就是我们要成为什么样的人。党的十八大以后，我们党有很多类似的表述，如怎么样是好干部、怎么样成为好干部、怎么样把好干部用起来等。所以，中国共产党与政德文化基因有很强的关联性。政德文化基因具体体现在我们选人用人中。刚才我们讲到，在重视制度和法治的前提下，德性政治高度重视政治担当者的贤能素养。《礼记》所讲"选贤与能，讲信修睦"的传统，实际上在中国源远流长。中国传统就是在选贤任能方面有很强、很多的制度实践，

而这种制度实践逐渐为中国共产党所重视并加以运用。"贤"不是不作为，不是只守规矩以至于没有任何创新精神。"贤"是什么？"贤"是指识大体、知权经，权是灵活性，经是原则性，即有佐国之才智。这些思想脉络早作用在当下制度实践中。党的十八大之后，《党政领导干部选拔任用工作条例》在五年时间内两次修订。这个条例是一个指挥棒，是当下对贤能政治传统的继承。

该条例规定，选拔任用党政领导干部必须坚持下列原则：（一）党管干部；（二）德才兼备、以德为先，五湖四海、任人唯贤；（三）事业为上、人岗相适、人事相宜；（四）公道公派、注重实绩、群众公认；（五）民主集中制；（六）依法依规办事。这其实都是在讲作为德性政治传统的贤能政治。钱穆先生在一篇文章中讲到了政德、政绩和政才的关系。他说："仅有政才政绩，而无政德，则皆不足为政治家。"他认为政治事业含有一种矛盾性，既要立足于群众，但是又不能够自侪于群众，要有先进性，不能够自封于社团之内。在这里，他讲到了一个标准——服务型政府、服务型执政党。孔子有言："大哉尧之为君也！巍巍乎，唯天为大，唯尧则之。荡荡乎，民无能名焉。巍巍乎其有成功也，焕乎其有文章！"这是一种政治家风度，也是传统的德性。《中庸》讲"三达德"——智仁勇。实际上，在我们党提出的好干部的标准中，信念坚定是"智"，为民服务、勤政务实是"仁"，敢于担当、清正廉洁是"勇"。习近平总书记在《干在实处  走在前列——推进浙江新发展的思考与实践》中谈了从政体会七则：激浊扬清、敬业乐业、乐在人和、力戒浮躁、贵耳重目、求知善读、戒奢节俭。这七则大多是在讲德，实际上讲的也是一种道德修为。

其实，最难提升的是政治能力。中国共产党作为世界上最大的政党，要有大德。传统意义上的大德，相当于党的初心使命，也有很多的文献脉络可以追溯。比如，《周易·乾卦》里面讲大人是能够与天地合德的。又比如，《尚书》中讲往圣先贤尤其是圣王之间，应该是心心相印的，又讲"人心惟危，道心惟微，惟精惟一，允执厥中"，此即著名的十六字心传。再如，张载著名的"横渠四句"——为天地立心，为生民立命，为往圣继绝学，为万世开太平。党的十九大报告里提到了三个共同体：一个是人与自然是生命共同体，一个是中华民族共同体，一个是人类命运共同体。王阳明先生在《大学问》里面讲到了"一体""一家""一人"，其中"天下犹一家"和"中国犹一人"两条出自《礼记·礼运》，但"以天地万物为一体"是宋明理学家的提法。"以天地万物为一体"就是讲人与自然是生命共同体，"天下犹一家"就是讲人类命运共同体，"中国犹一人"就是讲中华民族共同体。这正是我们所讲的"大德"，中国共产党具有鲜明的政治品格。

习近平总书记在庆祝中国共产党成立 100 周年大会上提出，伟大建党精神是中国共产党的精神之源。习近平总书记在总结新时代十年的历史性成就时，提到了三个方面：制度保证、物质基础、精神力量。我认为，更为主动的是精神力量，具体说就是"为中国人民谋幸福，为中华民族谋复兴"，或许还可以再加上"为世界谋大同"。那么，中国共产党的大德之所以是集体性政德，就在于中国共产党不仅是中国工人阶级的先锋队，也是中华民族的先锋队；不仅是马列主义的信仰者，也是中华文明的传承者；不仅是国家机构的领导者、社会革命的引领者，也是自我革命的践行者。中国共产党不仅是中华民族复兴的践行者，也是世界大同的推进者，天安门城楼上一边写着"中华人民共和国万岁"，另一边则写着"世界人民大团结万岁"。

大德者必得其寿。实际上，我们在讨论立政德作为集体性政德时会发现，执政党要得其寿，更需要重温包括政德在内的中国文化基因。

最后分享几则孔子、孟子、荀子关于政德的经典论述。

开篇时提到，孔子说："为政以德，譬如北辰，居其所而众星共之。"我们今天的国旗——五星红旗，也是"居其所而众星共之"。1949年9月，中国人民政治协商会议第一届全体会议将国旗定为五星红旗，中国共产党是那颗大星，四周环绕着的四颗小星指的是四个阶级的广大人民，即工人阶级、农民阶级、小资产阶级和民族资产阶级。

在孟子看来，"以力假仁者霸，霸必有大国"，用霸道可以成为大国，但真正的王道是以德行仁，以德为政，使人们心悦诚服。"不行王政云尔，苟行王政，四海之内皆举首而望之，欲以为君。"

荀子说得就更精彩了："凡兼人者有三术：有以德兼人者，有以力兼人者，有以富兼人者。……故曰：以德兼人者王，以力兼人者弱，以富兼人者贫。古今一也。"兼人就是服众。美国政界有位影响力很大的人物——"中国通"杜如松，他写了一本书，讨论中美的全球领导力。他说中美竞争原来更多的是区域性竞争，今天转向全球性竞争了。毫无疑问，全球性竞争会出现一种领导地位的迭代，从历史上来看有三种模式：第一种模式叫胁迫，就是用武力来胁迫；第二种叫利诱；第三种叫合法性，其实就是我们常讲的以"道德"之名。"以力兼人者弱"，即完全靠枪杆子服众，最后自己削弱了；"以富兼人者贫"，即完全靠利诱服众，最后自己穷了；只有"以德兼人者王"，古今皆如此。

# 中国共产党与中华民族伟大复兴

张 梧

今天，非常高兴有这么一个机会，和大家讨论交流《中国共产党与中华民族伟大复兴》这么一个课题。下面，我将从五个方面进行阐释。

## 一、"组织起来"：民族复兴的首要课题

毛泽东在《论持久战》中说："日本敢于欺负我们，主要的原因在于中国民众的无组织状态。"中国革命的伟大先行者孙中山先生也曾讲过：四万万中国人，一盘散沙而已。没有整合起来，四分五裂，这是中国近代落后挨打的一个原因。

也正是因为这样，从 1921 年中国共产党成立到 1949 年新中国成立，中国共产党完成了把所有中国人团结起来、组织起来的任务。这个任务对于中华民族复兴来说，是一个前提性、基础性工程。靠谁组织？靠政党来组织。国共两党都要走一条以党建国的道路，都依靠政党的力量把老百姓给组织起来，但最后只有共产党成功了。

中国近代以来最了解中国的就是中国共产党。《毛泽东选集》堪称

中国的国情教科书，从这套书里面，你能知道什么叫中国，什么是中国的农民，什么是中国的基本国情。毛泽东年轻时本来可以赴法勤工俭学，但在上船之前，突然决定不去了。后来，他还专门给他的朋友、同学写了一封信，在信中写道："我觉得我们要有人到外国去，看些新东西，学些新道理，研究些有用的学问，拿回来改造我们的国家。同时也要有人留在本国，研究本国问题。我觉得关于自己的国家，我所知道的还太少，假使我把时间花费在本国，则对本国更为有利。"他对自己的这个选择从不后悔。后来，他给朋友写信又谈了这件事，他说："我觉得求学实在没有'必要在什么地方'的理，'出洋'两字，在好些人只是一种'迷'。中国出过洋的总不下几万乃至几十万，好的实在很少。多数呢？仍旧是'糊涂'，仍旧是'莫名其妙'，这便是一个具体的证据。我曾以此问过胡适之和黎邵西两位，他们都以我的意见为然，胡适之并且作过一篇《非留学篇》。因此我想暂不出国去，暂时在国内研究各种学问的纲要。"

毛泽东带领着中国赢得了革命的胜利，原因就在于他最了解中国实际。《毛泽东选集》（第一卷）第一篇就是《中国社会各阶级的分析》。毛泽东在该文中对中国社会各群体的所思所想、基本立场、利益倾向等，做了非常精准的描述。《毛泽东选集》（第一卷）第二篇是《湖南农民运动考察报告》。这篇文章是讲中国是一个农业大国，要重视农民。毛泽东把农民组织起来了，动员起来了，使他们成为改变中国面貌的根本力量。这就是百年来在民族复兴进程中，中国共产党完成的一个前提性、基础性工程。

在中国近代救亡史上，无论是太平天国运动、洋务运动、维新变法、清末新政，还是帝制复辟，这些主动或被动的救亡图存运动都把希望寄托在少数人身上，没有把孙中山所说的"一盘散沙"的中国民众动员起来、组织起来。唯独中国共产党把这些普通民众组织起来了。这正是中国共产党登上历史舞台的深刻必然性。

## 二、中共创建：民族复兴的真正起点

中国共产党之所以能够组织动员群众，是因为它以马克思列宁主义为理论武器。我们经常讲，是历史、是人民选择了马克思列宁主义，那么历史、人民为什么会选择马克思列宁主义呢？我认为有三个很重要的原因。

第一个原因是对一战的深刻反思。第一次世界大战后，资本主义国家在巴黎和会上出卖了中国的利益，把胶州半岛从德国人的手里转到了日本人的手里，这直接导致了五四运动的爆发。第一次世界大战还有一个"副产品"就是苏联的十月革命。晚清以来侵蚀中国领土最多的就是沙俄帝国，列宁宣布沙俄和中国签订的不平等条约全部作废。新生的社会主义国家和资本主义国家对待我们的态度截然相反，两相对照，我们更容易对马克思列宁主义抱有好感，觉得马克思列宁主义能够给中国带来公平正义的国际秩序。

更重要的是，在一战以前，中国人认为现代化就是西方化，西方化就是现代化，只要全盘西化就能实现现代化。一战爆发以后，中国人的看法就改变了。西方这个偶像内部也是千疮百孔。梁启超旅欧考察后，写下了《欧游心影录》，强调不要再指望西方文明来救我们东方文明了，现在东方文明应该去救西方文明。当时，以梁启超为代表的一大批中国知识分子对西方文明的幻想破灭了，转而对马克思列宁主义抱有好感。

第二个原因就是与中国传统文化的内在契合。1840年以来，中国引进的西方思想不计其数，比如无政府主义等，但是最终能够在中国落地

生根的只有马克思列宁主义。因为马克思列宁主义适应中国的文化土壤，它和中国的传统文化有很多相通之处。

首先，在社会理想上，马克思列宁主义跟儒家思想高度一致。郭沫若在《马克思进文庙》一文中就讲了这件事情。他说，孔子刚刚回到文庙坐定，一脸络腮胡子的马克思坐着轿子就进来了，下了轿子就质问道："近来有些人说，我的主义和你的思想不同，所以在你的思想普遍着的中国，我的主义是没有实现的可能性。因此我便来直接领教你，究竟你的思想是怎么样？和我的主义怎样不同？"

孔子请马克思先说说他的见解。马克思就把自己的共产主义理论给孔子讲了一遍。马克思讲完以后，孔子说："你这个理想社会和我的大同世界竟是不谋而合。你请让我背一段我的旧文章给你听罢。"随后，孔子背了《礼记·礼运》中有关大同世界的一段文字给马克思听。这一段文字影响深远。康有为写《大同书》依据这段文字，孙中山一辈子最喜欢写的四个字叫"天下为公"，共产党人打天下也可以说是为了实现大同理想。这就是我们中国人对美好社会的向往。什么是美好社会？中国人有这样的说法：一个叫小康，属于初级阶段；一个叫大同，属于高级阶段。目前，我们已经全面建成小康社会，小康社会和大同社会的区别在什么地方？在关于大同世界的这段文字里面，有十一个字很重要，即"人不独亲其亲，不独子其子"，这一点就是大同和小康的区别。小康是什么？即"各亲其亲，各子其子"，把自己的亲人、自己的孩子先照顾好，过好自己的小日子，这叫小康。那么，什么叫大同？即"老吾老以及人之老，幼吾幼以及人之幼"。要超越家庭的界限，既要照顾好自己的父母和孩子，也要把他人的父母看成自己的父母，把他人的孩子看成自己的孩子，四海之内皆兄弟，天下一家，这就是大同。马克思听完这段话，又做何反应呢？马克思到此才感叹起来："我不想在两千年前，在远远的东方，已经有了你这样的一个老同志！你我的见解完全是一致的。"

此外，在思维方式上，中国人传统的思维方式就是辩证唯物主义的。从我们常用的成语看，掩耳盗铃讲述主观认识不能代替客观实际；拔苗助长讲要尊重事物发展的客观规律，人为干预和干涉不要太多……这些说的都是辩证唯物主义的道理。

第三个原因是对社会主义的普遍接受。1840 年以来，各家各派基本上都认同社会主义。孙中山所说"三民主义"里的民生主义本质上就是社会主义。十月革命成功后，当时的文化保守主义者像梁启超等人也广泛探讨儒家思想观点与社会主义的一致性，即使是崇拜西方自由主义的胡适和丁文江等人也主张中国经济建设应当走苏联的社会主义道路。

但是，这时候的马克思列宁主义仍是一种原生态的马克思列宁主义，还没有中国化，还没有同中国实际相结合，还没有同中华优秀传统文化相结合。这时候的共产党还是一个稚嫩的政党。

### 三、全民族抗战：民族复兴的历史枢纽

全民族抗战不仅是民族复兴的历史枢纽，也是中国共产党转变为民族先锋队的历史枢纽。1928 年，中共六大在莫斯科召开，当时党章规定："中国共产党为共产国际之一部分，命名为'中国共产党'，为共产国际支部。"经过了抗战的洗礼，1945 年中共七大上通过的党章规定："中国共产党，是中国工人阶级的先进的有组织的部队，是它的阶级组织的最高形式。中国共产党代表中国民族与中国人民的利益。"由此可以看出，中国共产党已经从共产国际之一部分变成了中华民族的先锋队。经

过抗战，中国共产党不仅成为中华民族的先锋队，而且从中华文明、中华优秀传统文化中汲取了许多的抗战智慧，形成了区别于国民党的抗战策略。

第一个区别在于毛泽东坚持"独立自主"，蒋介石主张"国际调停"。第二个区别在于毛泽东坚持"全民抗战"，蒋介石主张"片面抗战"。第三个区别在于对于军队，毛泽东坚持"七分政治"，蒋介石主张"七分军事"。

抗日战争全面促进了中华民族的觉醒，使中国人民在精神上和组织上的进步达到了前所未有的程度，告别了孙中山所痛心的"一盘散沙"的局面，展现了伟大的民族精神。

抗日战争结束后，国共双方进行了第三次国内革命战争，也就是我们所说的解放战争，结果是历史最终选择了中国共产党。人们不禁要问：国共两党的命运为何会如此不同？

## 四、国共竞争：民族复兴的历史抉择

在抗日战争中，中国共产党扎根基层，赢得了民心。国民党不仅没有赢得民心，而且内部勾心斗角，尤其是在打仗的生死关头，不少国民党将领互不协作。相反，共产党的部队从未考虑过保存自己的实力，而是全力协助，其原因可以从内部组织和外部支持两方面分析。

从内部组织看，国民党军权高于党权。由于军权高于党权，所以就形成了一种党不如政、政不如军的局面。谁掌握了军权，谁就掌握了话语权。所以，国民党的将军都千方百计地爱惜自己的羽毛，守住自己手上的兵力。这背后实际上是国民党将领把部队当作自己的私有资本、私人武装，这就是军阀逻辑。

共产党在这一点上正好和国民党相反，党指挥枪是共产党领导部队的绝对原则。正如习近平总书记在庆祝中国人民解放军建军 90 周年大会上的讲话中强调的："党对军队绝对领导的根本原则和制度，发端于南昌起义，奠基于三湾改编，定型于古田会议，是人民军队完全区别于一切旧军队的政治特质和根本优势。"

从外部支持看，国民党还是输给了共产党。一个政党的宣传工作也会影响民众对一个政党的支持力度。如果这个政党的宣传工作做得深入人心，就容易获得老百姓的支持；如果宣传工作做得不到位，那么民众支持度就很低。在这方面，共产党是脱颖而出的。蒋介石亲口承认说，毛泽东的一支笔比得过国民党的十万大军。毛泽东曾办过《湘江评论》，他的语言极富个人魅力，直击人性，没有官话套话。而国民党则缺乏动员民众的能力。

共产党之所以能赢得老百姓的支持，除了宣传工作做得好，还有一个重要原因就是以人民为中心，给老百姓实实在在的好处，如通过土地改革来打土豪分田地。国民党也搞过土地改革，但没有成功。1929 年，浙江省政府主席张静江在浙江推动土改失败后痛心疾首，写下《吾之败，吾党之败》。他说，我的失败不是因为条件不成熟，而是因为党内同僚们的阻挠，而迟早有一天党国要败亡在这个上边。今日我被党内乡绅们的代言者击败了，我痛心，但是更担心若干年后吾党因此而败于激进派的土地革命之手。1929 年，张静江就预见到了 1949 年的结局。共产党就是靠着土地改革赢得了农民的支持，赢得了民心。

### 五、中国道路：民族复兴的必由之路

共产党执政以后就开始探索一条适合中国发展的道路——中国特色社会主义道路。这条道路最早的探索者应该是毛泽东。

1956年发生了一件大事，就是苏共二十大召开。赫鲁晓夫做了一个全盘否定斯大林的秘密报告。毛泽东对这个秘密报告的评价耐人寻味，"揭了盖子""捅了娄子"。赫鲁晓夫把斯大林的光辉形象打翻在地，从此苏联共产党的这种道义形象荡然无存，引发了共产主义运动的大地震。1956年，毛泽东针对这种情况强调：我们今后的路应该怎么走？我认为最重要的教训是独立自主，调查研究，摸清本国国情，把马克思列宁主义的基本原理同我国革命和建设的具体实际结合起来，制定我们的路线、方针、政策。从此，以俄为师变成了以苏为鉴。1956年，中共八大召开，八大的路线应该说是基本正确的，但后来没有坚持下来，一直到邓小平出来主持工作，通过改革开放，才成功开辟出一条具有中国特色的社会主义现代化建设道路。

改革开放以后，邓小平、江泽民、胡锦涛、习近平几代领导人的很多治国理念都来自中国古代文化。

首先来讲邓小平，邓小平提出建设小康社会。"小康"一词出自《礼记·礼运》。他不仅向中国人描绘了高于温饱的生活水平，而且把我们中国人的传统家庭结构给激活了。

再来看看江泽民同志的"三个代表"重要思想。"三个代表"中最重要的是最后一个代表——代表中国最广大人民的根本利益，这就把中华传统文化中的"民本"思想给激活了。现如今，我们党的执政理念是什么？以人民为中心。中国共产党坚持人民至上、生命至上，这是中国传统文化中民本思想时代价值的体现。

胡锦涛同志提出构建和谐社会。"和谐"这个概念来自我们的传统文化，而不是来自马克思列宁主义，但是社会主义和谐社会与马克思所设想的共产主义社会的目标一致，与中国传统文化中所追求的和谐思想一脉相承。

所以，从"小康社会"到"三个代表"，再到"和谐社会"、习近平新时代中国特色社会主义思想，这些无不彰显着中国传统文化的深远影响和时代价值。进入新时代，以习近平同志为核心的党中央提出了中华民族伟大复兴的中国梦。值得注意的是，中华民族的伟大复兴不仅是简单地追求国富民强，而且包含了中华文化的繁荣复兴。习近平总书记在考察曲阜时指出："一个国家、一个民族的强盛，总是以文化兴盛为支撑的，中华民族伟大复兴需要以中华文化发展繁荣为条件。"习近平总书记在多个重要场合强调了"两个结合"，即"坚持把马克思主义基本原理同中国具体实际相结合、同中华优秀传统文化相结合"，要坚定文化自信。

要树立文化自信，首先要文化自知。中华优秀传统文化博大精深，千头万绪，我们今天要继承哪些内容？我想今天最需要继承的就是"学"。习近平总书记说："中国共产党人依靠学习走到今天，也必然要依靠学习走向未来。"我们中华民族的伟大复兴还没有实现，前路漫漫，我们还有许多需要学的东西。中华文明以儒家为主，儒家经典以《论语》为首，《论语》开篇以"学"字当头。《论语》开篇第一句话"学而时习之，不亦说乎"是说要保持学习的态度，保持谦虚的态度。第二句话"有朋自远方来，不亦乐乎"是说要开放包容，海纳百川。第三句话"人不知而不愠，不亦君子乎"是说不要因为别人的误解而恼羞成怒，不要因为别人的看法而轻易地改变自己，这才是真正的君子。《论语》开篇三句话奠定了中华民族整体的文明性格，用三个词概括就是——谦虚好学、开放包容、自信自强。

我们为什么需要学习？习近平总书记说："我们比历史上任何时期都更接近中华民族伟大复兴的目标。"而中华民族伟大复兴绝不是轻轻松松、敲锣打鼓就能实现的，还会伴随着许多伟大斗争。民族复兴越是接

近，我们面临的风险考验越是巨大，越得低调低调再低调、谦虚谦虚再谦虚、学习学习再学习。我们如果拒绝学习，就如同晚清闭关锁国一样，就会因落后而挨打。中华文明不是一个封闭的文明，而是一个开放的文明，唐朝时期便有玄奘西天取经，如今我们应当再次敞开自己的胸怀去学习一切优秀的东西。

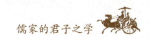

# 儒家的君子之学

*孔德立*

今天，我与大家交流的是儒家的君子之学。我将从君子的含义、君子的教养、孔子面临的时代、孔子重建社会新秩序的努力和学以成君子五个方面讲述。

孔子不仅铺垫了中国文化的底色，而且已然成为每一个时代思想文化建设绕不开的人物。孔子寄予了君子修己安人的内涵，并将此作为一种新的人格境界，奠定了儒家君子之学的特质。孔子的君子之学源自春秋时期的贵族文化，并以新君子作为重整社会秩序的中坚力量。任何一个时代都需要君子引领社会风尚，担当社会责任。在近年弘扬传统文化的历程中，"君子"的价值被重新发现，并逐渐成为当代学者的文化自觉。本文就前述五方面问题试做梳理，以凸显儒家君子之学的责任特质，并通过君子之学进一步发掘儒家与春秋思想史的关系。

一是君子的含义。现代语境中的"君子"，一般是指人为人正派，有道德涵养。但是，在先秦时期，特别是贵族体制尚未解体的春秋时期，"君子"多指居于执政地位的统治者。《尚书》《国语》《礼记》中的"君

子", 大多指诸侯、人君、君长、官长、大夫、卿大夫, 也有个别地方指天子或士。总体来说, 指诸侯国君与大夫的居多。

周代实行分封制度, 社会上有贵族与平民两大阶层。贵族是为政者, 分为四个等级, 自上而下依次是天子、诸侯、卿大夫、士。天子是天下之王, 诸侯是一国之君, 大夫是一家之主, 士是大夫家中承担武力保卫、执守礼仪的专业人员, 也是最底层的贵族。按照宗法制度, 天子之位由嫡长子继承, 其他的儿子可以做诸侯; 诸侯国君之位由嫡长子继承, 其他的儿子封为大夫。从血缘上来说, 天子之子或为天子, 或为国君; 国君之子或为国君, 或为大夫。天子只有一个, 国君的数目多于天子, 大夫的数目又多于国君。这样, "君子"的主体就主要集中在两个贵族阶层, 即诸侯与大夫。所以, 诸侯与大夫既是血缘意义上的"君"之"子", 也是政治地位上的"君子"。这就可以解释, 为什么文献中作为为政者的君子大多是指诸侯或大夫了。

先秦文献所见的"君"最初指天子或诸侯, 由于"子"的最初含义是儿, 君子即君之子, "君子"自然包括天子、诸侯与大夫。后来, 随着君子所指范围逐步扩大, 为了区别天子与国君, 在儒家文献中, 天子不再称为"君"或"君子", 而独占"王"的特有称号。作为贵族群体的"君子"的主体就是诸侯与大夫。从《左传》《诗经》等文献记载的子产、叔向、卫武公等人的事迹可见, 前孔子时代的君子大多指贵族阶层的诸侯、卿大夫。

春秋后期, 士的地位上升, 像鲁国的阳虎以士的身份干政, "陪臣执国命", 行君子行政之事。到了战国时期, 文献中大量出现"士"与"君子"的连称。比如, 郭店楚简《五行》篇载: "士有志于君子道, 谓之志士。"《墨子》书中出现30多处"士君子"的用法, 《荀子》中出现14处。

这说明战国时期士的地位上升，也进入了君子行列。

作为贵族的君子，大致有三个特征：首先是有地位。国君或卿大夫居于执政地位，这是贵族君子的基本特征。其次是有财富。有地位就有相应的待遇与财富，这是贵族的表象特征。最后是有教养。在前孔子时代，"学在王官"，只有贵族才可以上学，研习《诗》《书》《礼》《乐》。贵族君子的地位是体，财富是用，教养则是本。无体，则无用。无本，则体用皆失。孔子继承了贵族君子最重要的本——教养。

二是君子的教养。春秋时期的君子是贵族身份，有地位，有财富。地位与财富可以世袭，不学而能，但是君子要参与国家治理，就要有教养与技能。这就需要学才能得到。当时，贵族接受教育，既是他们的权利，也是义务。《礼记·王制》记载，"乐正崇四术，立四教，顺先王《诗》《书》《礼》《乐》以造士。春、秋教以《礼》《乐》，冬、夏教以《诗》《书》"，"王命三公、九卿、大夫、元士皆入学"。《诗》《书》《礼》《乐》是古代传承下来的富有人文教养的典籍。贵族诵读《诗》《书》《礼》《乐》等经典，再加上学习实用的六艺技能——礼乐射御书数，可以说是内外兼修、文武兼备，这就为参与社会治理做好了准备。

作为贵族的君子，文化教养是其赖以称为贵族的内在支撑。这种教养主要来自对《诗》《书》《礼》《乐》的学习和在学习过程中接受的训练。《诗》《书》《礼》《乐》在儒家兴起之前，就在贵族阶层绵延相传，后来，孔子编订"六经"，在《诗》《书》《礼》《乐》的基础上，增加了《春秋》与《周易》。"六经"蕴含的人文教养是儒家的共识，无论是《礼记·经解》阐释的"六经之教"，还是郭店楚简《六德》篇的论述，均可以作为证据。

孔子以"六经"教弟子，每一经皆有主旨，"六经"中的《诗》《书》

《礼》《乐》本为贵族所诵读，但对平民同样具有教化意义。《诗》《书》主要是让人从知识的诵读中获得文化教养。礼乐训练，则是让人从行为与心灵上得到约束与震撼。

三是孔子面临的时代。"礼崩乐坏"指的是礼乐秩序的破坏。孔子对鲁国三家大夫僭越礼乐秩序提出了严厉批评。"孔子谓季氏：八佾舞于庭，是可忍也，孰不可忍也！""三家者以《雍》彻。子曰：'相维辟公，天子穆穆'，奚取于三家之堂？"（《论语·八佾》）按照礼制，天子八佾，诸侯六佾，大夫四佾，士人两佾。季氏是大夫，舞列当为四佾，但是他却令"八佾舞于庭"，僭越天子之礼，所以孔子发出了"是可忍也，孰不可忍也"的感叹。如果说"八佾舞于庭"违礼，那么"三家者以《雍》彻"就是违乐。《雍》诗是周天子祭祀先王时唱的诗，自然是天子所专属。三家大夫祭祀时唱《雍》诗，僭越了天子之乐。

孔子总结了西周以来礼乐逐步崩坏的过程。西周时期，周王有权威，"天下有道，则礼乐征伐自天子出"。进入春秋之后，王权逐步衰落，"天下无道，则礼乐征伐自诸侯出"，历史由王权时代进入霸权时代，由王政转为霸政。再往后，礼乐征伐"自大夫出"，就出现了"季氏八佾舞于庭"，"三家者以《雍》彻"之类的现象，随之就是"陪臣执国命"了。

从大夫专权到"陪臣执国命"，均为孔子所亲见。当鲁国的阳虎拉孔子帮他时，掌握权力的贵族等级已经下移至最下层，再往下就是庶民造反了。春秋以来的权力下移运动就像多米诺骨牌一样，第一块倒掉之后，就得等它倒至最后一块，然后才可能重整旧河山。

孔子作为时代的觉醒者，致力于思考是什么引发了"礼崩乐坏"，如何才能恢复良好的社会秩序。春秋贵族争霸结束以后，执政者虽然还有地位、有财富，但是德行没了，如此财富、地位终究也保不住。孔子发现礼崩乐坏、社会秩序失衡的根本原因是贵族自弃其礼，丧失德行。贵族即便不知礼，也不学礼；即便学礼，也不守礼；即便守礼，也不是发自内心地执守；即便是发自内心地执守，也不能持之以恒。旧贵族无法完成自我改造，在春秋晚期逐渐消失了，因此社会需要新的力量来引领风尚。

四是孔子重建社会新秩序的努力。在春秋士阶层崛起的社会转型期，孔子做了两件大事：一是培养新的君子，二是整理经典。这两件大事密切相关，君子传习经典，维护社会价值与秩序，经典又是培养新君子的依据。换句话说，孔子所做的事是培养新君子，塑造新文化。孔子培养君子与整理经典是在传承传统的基础上进行的，因此他对中国文化传统的延续性发展起到了关键作用。

重建社会秩序需要有制度依据。包含褒贬善恶的价值体系可以为社会制度提供有力支撑。孔子发现，鲁国编年史书《春秋》可以为社会治理提供借鉴。孟子曰："王者之迹熄而《诗》亡，《诗》亡然后《春秋》作。晋之《乘》，楚之《梼杌》，鲁之《春秋》，一也。其事则齐桓、晋文，其文则史。孔子曰：'其义则丘窃取之矣。'"王权时代，天下有道，秩序井然，贵族有礼仪教养，宴饮会盟无不赋诗。贵族丢掉教养之后，也就不赋诗了。孟子所说的赋诗时代的终结，标志着贵族君子时代的结束。贵族君子时代的结束，也就意味着混乱纷争时代的到来。孔子修《春秋》正是在时代的转折点进行的。

孔子为未来社会提供价值支撑的依据——《春秋》。孔子所取的齐桓晋文之义，正是齐桓公与晋文公在春秋时期高扬仁义大旗的担当、凝聚诸夏抵御蛮夷入侵的责任。齐桓晋文的争霸并不是个人权力的膨胀，而是出于维护王权衰落后的礼乐文明秩序。鲁国编年体史书《春秋》作为

凸显儒家价值观的史书教程，具有深刻的理论意义与现实意义。孔子在其中彰显了鲜明的价值取向与社会责任。朱熹注《孟子·离娄下》中孟子论孔子作《春秋》一节："春秋之时，五霸迭兴，而桓文为盛。……尹氏曰：'言孔子作《春秋》，亦以史之文载当时之事也，而其义则定天下之邪正，为百王之大法。'……而孔子之事莫大于《春秋》，故特言之。"朱熹认为，这种取史书之义、以史为鉴、以史明志的做法，正彰显了正邪价值观。

孔子修《春秋》，作为"百王之大法"，具有道路规划与制度设计的意义。孔子整理文献与传承文化，具有充分的文化自信，但是对于修《春秋》，却有所戒惧。《孟子·滕文公下》记载："世衰道微，邪说暴行有作，臣弑其君者有之，子弑其父者有之。孔子惧，作《春秋》。《春秋》，天子之事也。是故孔子曰：'知我者其惟《春秋》乎！罪我者其惟《春秋》乎！'"

整治天下秩序是天子的责任，但孔子时代王权衰落、霸权结束，天下已大乱。孔子无天子之位，又做了天子之事，怎能不有"知我""罪我"之叹！可能正是出于这个担心，孔子对于修《春秋》才小心翼翼。《史记·儒林列传》记载："故因史记作《春秋》，以当王法，以辞微而指博，后世学者多录焉。"孔子对于《春秋》文本与史实不做大的改动，而是以"辞微而指博"的手法，寄予《春秋》"微言大义"，虽然只是个别字词的调整，但是尊王攘夷、褒贬善恶之意已经蕴含其中。《史记·孔子世家》记载，孔子听讼时，文辞没有独特之处，但其在《春秋》中的用词堪称典范，"至于为《春秋》，笔则笔，削则削，子夏之徒不能赞一辞"。孔子作《春秋》"以当王法"，是想以《春秋》发挥大法之效。

《春秋》进入孔子的视野，晚于《诗》《书》《礼》《乐》，如果说孔子以《诗》《书》《礼》《乐》的贵族文化赋予弟子们人道教养，那么孔子修

《春秋》是为后世立法，特别是为后世之君立法。孔子作《春秋》所要彰显的第一原则是尊周王，主张大一统，然后建立自上而下的伦理道德秩序。《春秋》开篇说"鲁隐公元年春王正月"，这几个字就把王的地位突出了。鲁国历史以鲁隐公纪年没有问题，但是《春秋》特别凸显"王正月"，这就是尊王的体现。

《春秋》记载："（鲁僖公二十八年）冬，公会晋侯、齐侯、宋公、蔡侯、郑伯、陈子、莒子、邾人、秦人于温。天王狩于河阳。"《左传》记载："是会也，晋侯召王，以诸侯见，且使王狩。仲尼曰：'以臣召君，不可以训。'故书曰：'天王狩于河阳。'言非其地也，且明德也。"《穀梁传》记载："全天王之行也，为若将守而遇诸侯之朝也，为天王讳也。"鲁僖公二十八年冬，周天子与晋侯会面，这次会面实际是晋国国君让周天子来见他，但是《春秋》不能这么写，改成了周王到这里巡狩，召见了晋侯。《左传》与《穀梁传》均维护了周天子的权威，这明显受到了为尊者讳、为贤者讳的"《春秋》笔法"的影响。孔子之所以做这样的努力，就是为了维护天子的威严，维护天子的威严就是维护权力的有效运行。

孔子希望社会中君子有担当，君君臣臣、父父子子，秩序井然。君不君，臣不臣，父不父，子不子，就是以强凌弱的混乱社会。孟子提出的五伦——"父子有亲，君臣有义，夫妇有别，长幼有叙，朋友有信"（《孟子·滕文公上》），就是接着孔子的君君臣臣、父父子子来讲的。曲阜孔庙的明代成化碑文说："纲常正而伦理明，万物各得其所。"孔子作《春秋》，为后世制法，就是正纲常而明伦理。

五是学以成君子。有秩序的社会本质上是礼乐文明社会，引领者是有德行有教养的君子，各个层级的管理者都应该是有德行的君子。当传统贵族没落之后，社会迫切需要新的贵族来引领。与传统的依靠血缘出

身的贵族不同，新的贵族不论出身，只要志于君子之道，就有机会成为社会引领者。

《论语》第一篇是《学而》，第一章是"学而时习之，不亦说乎？有朋自远方来，不亦乐乎？人不知而不愠，不亦君子乎？"《论语》以"学"为起点，学的是做君子。我们再看《论语》最后一篇《尧曰》的最后一章："不知命，无以为君子也；不知礼，无以立也；不知言，无以知人也。"君子知命，知礼，知人。可以说，整部《论语》就是教人如何通过学成为君子的经典著作。那么，怎么学成君子？需要学习什么样的品质？《论语·述而》记载的"志于道，据于德，依于仁，游于艺"，正可以概括君子的内涵。

何晏在《论语集解》中分别解释了"志""据""依""游"。"志，慕也。道不可体，故志之而已。""据，杖也。德有成形，故可据也。""依，倚也。仁者功施于人，故可倚之也。""艺，六艺也。不足据依，故曰游也。"志道就是羡慕道，心向往之。"道不可体"，即道看不见摸不着，所以从心里向往之。"据"是杖，"德有成形，故可据"。"仁者功施于人，故可倚之也"，仁者帮助他人，有宽厚的基础，所以可倚。"艺"，六艺，内容多，所以要涵泳其中。朱熹说："道，则人伦日用之间所当行者是也。""道"优先于儒家的其他思想范畴，是最高原则。

在周代金文中，"德"与"得"相通。"为政以德"有让老百姓有所得的意思。德者，得也。为政者有德，百姓才有所得。百姓的获得就是检验为政之德的标准。"仁"是儒家德性的基础，是一个人本质上成为人的内核。一个人只有对别人好，真心实意去爱，才说明自己有仁德。有仁德的人帮助他人，会得到他人的支持，因此而有了实现自己理想所依靠的基础。艺是君子的技能。孔子说："君子不器。"（《论语·为政》）孔子的意思是，君子不能像器皿一样，只有一种技能。言外之意就是，君子要多才多艺。

朱熹认为："学者于此，有以不失其先后之序、轻重之伦焉。"王夫之认为："志道、据德、依仁，有先后而无轻重；志道、据德、依仁之与游艺，有轻重而无先后。"朱子与船山虽然对志道、据德、依仁、游艺的先后轻重看法稍有不同，但都肯定以"志道"为先为重。

孟子对"志"的作用有专门强调："夫志，气之帅也；气，体之充也。夫志至焉，气次焉。故曰：'持其志，无暴其气。'"此处的"气"，正是孟子讲的"浩然之气"。王阳明《教条示龙场诸生》言："一曰立志，二曰勤学，三曰改过，四曰责善。""志不立，天下无可成之事，虽百工技艺，未有不本于志者。"无论是孟子还是王阳明，都强调立志，源头就在于《论语·述而》"志于道"章。"志于道"是方向，"据于德"是根基，"依于仁"是凭借，"游于艺"是技能。这是成为君子的四要素，毫无疑问，"志于道"在成为君子的道路上具有优先地位。

《论语》里的"君子"大多具有双重含义，既指贵族意义的君子，又指道德教化的君子。与君子相对的"小人"也因此具有了双层含义，既指居于下层的百姓，又指道德品行不好的人。这正体现了从贵族君子向道德君子过渡的特征。我们接下来看几个例子。

"君子和而不同，小人同而不和。"同为君子的为政者可以和谐相处，为了公义，君子之间可以有争论，有自己的主见。为政者中也有奸臣，虽然他们身居高位，但在君子看来，也是小人。小人以个人私利作为出发点，面临争论时只会附和，即使发现错误，也不会指出来。君子是统一，小人是同一，性质完全不一样。有教养的君子互相包容，而没有教养的小人只会关注自身利益，一旦个人利益受到侵害或者想要的更多，

小人暂时的苟同就会立即瓦解。

"君子泰而不骄，小人骄而不泰。"泰是坦然，骄是骄横。为政的君子对待上级不唯唯诺诺，而是坦然处之，对待下级不摆谱、不骄横。小人对待上级会竭尽阿谀奉承之能，对待下级则仗势欺人。不在位的君子坦荡荡，以义为原则。小人则唯利是图，一旦有一天发达了，便骄横起来。

"君子求诸己，小人求诸人。"为政的君子从来不推卸责任，敢于担当；为政的小人面对问题，会千方百计找理由为自己开脱。在社会人际交往中，人们的想法不同，难免会产生矛盾。君子面对矛盾时"求诸己"，先反思自己，从自身找原因，看看自己做得如何。如果不是自己的原因，再考虑下一步。小人的处理方法与君子相反，是"求诸人"，先从别人那里找原因，往往认为自己没有问题。越是这样想，小人越是"自信"，结果只能是矛盾越来越大，最后引发冲突。

孔子在传统贵族衰落的时代，面向所有有志于成为君子的人，开放他的学堂。孔子提倡"有教无类"，打破了以往按照血缘出身选拔君子的制度。他认为每个人都有成为君子的潜质，只要努力，每个人都有希望成为未来社会的引领者。

《大学》在儒家培养君子的理论中具有重要地位。朱熹认为，"《大学》之书，古之大学所以教人之法也"，"教之以穷理、正心、修己、治人之道"。宋儒重视《大学》的一个重要原因，是《大学》中的八条目（格物、致知、诚意、正心、修身、齐家、治国、平天下）建构了其所倡导的内圣而外王的次第阶梯。学可以修身，成就自己的"内圣"之道，如果有机会进入官僚队伍，则可以此"推明治道"，甚至"得君行道"，实现"外王"的理想。

想成为君子，找准自己的位置很重要，但是须以"志于道"为前提。

要清楚自己是谁、想做什么、怎样才能做到，这就是"知止"。《大学》论学成君子，"知止"是起点，"止于至善"是目标，中间的过程是格致诚正修齐治平的八条目。

如果把《大学》的八条目划分为两个阶段，那么格物、致知、诚意、正心、修身是第一个阶段，齐家、治国、平天下是第二个阶段。朱熹认为："修身以上，明明德之事也。齐家以下，新民之事也。"第一个阶段是修炼君子的阶段，第二个阶段是展现君子社会价值的阶段。学成君子，功夫全在于第一个阶段。

第一个阶段以格物为起点。格物是由外而内探究事理的过程，致知是通过格物获知事理的结果。诚意是由知识认知向内心认知转化的过程。诚就是实，不虚不妄。正是不偏、公正。只有诚意正心，才能使认知转为明理，才能内化于心，内化于心之后，才可以外化于行。某人做某事没有做好，肯定是其心不正，其识不透，其物没格。或者是虽格物了，但不透彻，知识有了一点，没有推到极致，导致不实而心不正。宋代吕大临讲过一句话："君子所以学者，为能变化气质而已。"学的目标不只是知识的拓展，更重要的是改变气质。如果只是增加一些知识，那么在儒家看来，还不能称为学。所以，孔子教弟子，从来不止步于知识与经典的学习，而是以改变自我且能够在社会上应用所学为目标。

完成了格物、致知、诚意、正心，就可以说实现了修身。实现了修身的君子就具有了德行。孟子说"仁，人之安宅也；义，人之正路也"，把"仁"对应安宅，把"义"比为正路。所谓德行，就是修仁德，行义路。在修身基础上的安人，即齐家、治国、平天下，正是君子展现德行、行义路的价值体现。

有人或许会认为，儒家的君子太难做到了。是的，孔子的要求确实

很高。但是，如果我们不把君子作为理想的人格与目标追求，那岂不是更难成为君子？只要我们心怀成为君子的理想，致力于君子之道，就会不断接近于君子。其实，只要社会上大多数人朝着成为君子的目标努力迈进，社会风俗就不会差。

君子会不会有过？答案是"会"。但是君子对待自己的"过"和小人是不一样的。"君子之过也，如日月之食焉。过也，人皆见之；更也，人皆仰之。"君子的一言一行容易受到别人关注。一旦君子有了过错，别人就会看到，是掩饰不住的。如果君子及时改正了过错，别人不但不会笑话，反而会更加仰慕他。这就告诉我们，人有了过错要及时改正，而不是用谎言来掩饰，找他人来顶罪。过不改，就成错，错不改，就可能成罪了。

孔子开创的儒家君子之学，成为历代有志于成为君子之人的追求与理想。或为道德的君子，或为治世的君子。无论是有德还是有位，君子均以"人能弘道"之信念积极进取、奋发有为。有学者认为，中华优秀传统文化和美德由三大要素构成：一是古代经典，主要是儒家"四书五经"；二是核心价值，主要是"五常""八德"；三是君子群体，他们是道德楷模，具有仁、智、勇三达德，因而有感召力，能够在社会各领域、各阶层起模范带领作用。如此，君子群体便是中华优秀传统文化与美德的重要组成部分，应该予以高度重视。君子能否承担起社会责任，会在很大程度上影响社会治乱与社会风俗。而一个社会与时代能否培养出君子，或君子能否发挥作用，又不单单取决于君子自身，还取决于君子所不能左右的时与命。

宋代理学家罗从彦说："教化者，朝廷之先务；廉耻者，士人之美节；风俗者，天下之大事。朝廷有教化，则士人有廉耻，士人有廉耻，则天下有风俗。"朝廷应以教化为先，重视道德风俗的教化。士人，这里可以理解为君子，即有道德、有能力、有教养的在位者与不在位者。如果君子不重廉耻，贪婪无耻，追逐名利，那么君子就不再是君子。"君子之德风，小人之德草"，上位者如果不是君子而是小人，那么百姓则人人逐利、个个自私，社会就会陷入"上下交征利而国危矣"的局面。

春秋时期的贵族君子作为社会风俗的引领者，其责任与担当恰恰是为政者最可贵的品质。孔子紧紧抓住德行与责任，抓住修身、涵养仁德、反求诸己等塑造君子品质的核心概念，以"六艺"培养内外兼修、文质彬彬的新君子，并以君子作为拯救社会的骨干力量，也开启了儒家的君子之学。一个社会，只要有君子在，文化就可以传承，价值就可以挺立。儒家的君子之学是以修身成就自我德行，以安人引领社会风尚的融合道德伦理与社会政治的学说，在后世产生了深远影响。

# 中国传统文化的基本精神

李兆祥

　　党的十九大报告指出："文化是一个国家、一个民族的灵魂。文化兴国运兴，文化强民族强。没有高度的文化自信，没有文化的繁荣兴盛，就没有中华民族伟大复兴。"2014 年 10 月，习近平总书记在中共中央政治局第十八次集体学习时指出："中华传统文化源远流长、博大精深，中华民族形成和发展过程中产生的各种思想文化，记载了中华民族在长期奋斗中开展的精神活动、进行的理性思维、创造的文化成果，反映了中华民族的精神追求，其中最核心的内容已经成为中华民族最基本的文化基因。"中华优秀传统文化中蕴含着丰富的哲学思想、人文精神、教化思想、道德理念等，凝聚着中华民族的伟大精神创造，可以为今天的人们认识和改造世界提供有益启迪，可以为治国理政提供有益启示，也可以为道德建设提供有益启发，反映了中华民族的精神追求，是中华民族生生不息、发展壮大的重要滋养。2014 年 9 月，习近平主席在纪念孔子诞辰 2565 周年国际学术研讨会暨国际儒学联合会第五届会员大会开幕会上强调，"从孔夫子到孙中山，我们都注意汲取其中积极的养分"。我们要了解中国传统文化，了解中国传统文化的核心要义和基本精神，促进中华优秀传统文化的创造性转化、创新性发展，建设中华民族现代文明。

## 一、什么是中国传统文化

### （一）中国

中国，作为一个国家，在今天我们说是中华人民共和国的简称，她有着悠久的历史，是全国各族人民共同缔造的统一多民族国家，是工人阶级领导的、以工农联盟为基础的人民民主专政的社会主义国家；在国际大家庭中，中国又是一个国际法的主体，拥有国际法规定的权利，也要履行国际法规定的义务。但是，从中国悠久的历史传统上说，中国既是一个地域的概念，又是一个文化的概念、历史的概念。

"最早的中国"不是"王朝中国"，而是由文化认同形成的"文化中国"。"文化中国"在不同的时期，有不同的代表：彩陶时代，仰韶文化的庙底沟类型是代表；玉器时代，良渚文化是代表；青铜时代的早期，龙山文化是代表。[①]

"王朝中国"，应该是从夏朝开始说。夏朝的时候，我们的先祖开始筑城而居，称城中之地为"国"，称住在城里的人为"中国人"或"中国民"。《说文解字》对"夏"的解释为"中国之人也"。从逻辑上说，"中国"既应该指"筑城而居"的生活状态，也应该指"夏人"主要居住的今嵩山伊洛之地。

从出土青铜器所载铭文及传世文献来看，可靠的"中国"一词出现

---

① 刘刚、李冬君：《文化的江山 01：文化中国的来源》，中信出版社 2019 年版，第 256 页。

于西周初年。1963 年，在陕西宝鸡贾村出土了"何尊"，其铭文曰："唯武王既克大邑商，则廷告于天，曰：'余其宅兹中或（国），自之义民。'"这是"中或（国）"作为一个地名，第一次出现在中国古代文献中。她既是指周武王灭商后，寻求政治上的"正统"，予以"有夏之居"政治上的天下共主的地位[①]，也因为这里建的城位于天下之中的"国"——中国[②]。有学者指出，"中国"这一称谓的背后具有丰富的历史内涵，不仅包含着西土周克东土商的政治较量，也是周人克商后国家平乱理顺的重要考量；不仅表达了周人尊夏、崇夏的思想，也反映了其居天下之中而治的政治观念。[③]

其后，"中国"之指称及意义不断发生变化，由最初所指的"有夏之居"的嵩山伊洛一带，逐渐变化为成周、王畿，甚至成为周天子的代称，其含义也由地理区域概念逐渐演变为含有地理、政治、文化等意义的综合性概念，不仅反映了周初地理区划中的指称，亦蕴含着中华民族早期的国家一统观念。"中国"观念的形成和初期发展是先秦时期一个重要的成就，在"中国"观念的影响下，"中国"的范围日趋扩大。秦始皇并吞

---

① 《史记·周本纪》：武王征九牧之君，登豳之阜，以望商邑。武王至于周，自夜不寐。周公旦即王所，曰："曷为不寐？"王曰："告女：维天不飨殷，自发未生于今六十年，麋鹿在牧，蜚鸿满野。天不享殷，乃今有成。维天建殷，其登名民三百六十夫，不显亦不宾灭，以至今。我未定天保，何暇寐！"王曰："定天保，依天室，悉求夫恶，贬从殷王受。日夜劳来定我西土，我维显服，及德方明。自洛汭延于伊汭，居易毋固，其有夏之居。我南望三涂，北望岳鄙，顾詹有河，粤詹雒、伊，毋远天室。"营周居于雒邑而后去。

② 《史记·周本纪》："此天下之中，四方入贡道里均。"

③ 徐新强、薛振宇：《周初"中国"的内涵及其意义的嬗变》，《中国文化研究》2023 年第 1 期。

六国不仅是先秦时期"中国"观念发展演变的表现，也为中国版图、民族、制度和文化思想的形成与发展奠定了基础，对后世历史影响深远。

"中国"观念在周秦以后非但没有消失，反而得到不断发展。自汉代始，朝野上下和文人学士习惯于将汉族所建立的中原王朝称为"中国"。因此，当各少数民族入主中原后，便也多以"中国"自居。如鲜卑人建立北魏，自称"中国"，将南朝称作"岛夷"；同一时期汉族所建之南朝虽迁离中原，但仍以"中国"自居，称北朝为"索虏"，称北魏为"魏虏"。① 此时及之后，"中国"的政治意义更加明显，其核心意义就是政治上的"正统"。在宋辽金对峙时期，辽与北宋、金与南宋彼此皆自称"中国"，且互不承认对方为"中国"。宋初石介（1005—1045）在《中国论》中，更进一步界定了什么是"中国"②，中国既有地域之定位，又有文化之传承，同时具有正统之含义。两宋以后则开始特别强调"严夷夏之防"原则。明清以来，随着人口大量增加而形成的国民迁徙与海外移民，不仅增强了国民的"中国"观念，而且使整个中华民族之中形成了一种"中华意识"的普遍认同，这也是"中国"观念在新时代背景下的进一步发展。

"中国"作为一个概念，从夏朝说起的话，已经有四千多年的历史了。而以"中国"作为现代意义上国家的名称，是从 1912 年 1 月 1 日成立的中华民国开始的。1949 年 10 月 1 日，中华人民共和国成立，这个"中国"既代表着地理意义上的"中国"，也传承着历史意义和文化意义上的中国。

---

① 邸永君：《汉语"中国"一词的由来》，《中国地名》2006 年第 4 期。

② "夫天处乎上，地处乎下。居天地之中者曰中国，居天地之偏者曰四夷。四夷外也，中国内也。……夫中国者君臣所自立也，礼乐所自作也，衣冠所自出也，冠昏祭祀所自用也，缞麻丧泣所自制也，果蓏菜茹所自殖也，稻麻黍稷所自有也。"见石介著、陈植锷点校《徂徕石先生文集》，中华书局 1984 年版。

习近平总书记说:"中华文明是在同其他文明不断交流互鉴中形成的开放体系。从历史上的佛教东传、'伊儒会通',到近代以来的'西学东渐'、新文化运动、马克思主义和社会主义思想传入中国,再到改革开放以来全方位对外开放,中华文明始终在兼收并蓄中历久弥新。……今日之中国,不仅是中国之中国,而且是亚洲之中国、世界之中国。未来之中国,必将以更加开放的姿态拥抱世界、以更有活力的文明成就贡献世界。"

### (二)文化

文化作为一种社会现象,与人类社会发展相伴随。但是,把文化作为一个科学的概念,一般说是在 18 世纪启蒙时代才真正开始的。由于人们对"文化"这一概念的阐释切入点不同,给"文化"下的定义也五花八门。俄罗斯学者克尔特曼做了统计,说是超过 400 个。[①]

梳理这些概念,不难发现,西方的文化概念源于拉丁文 cultura,本身有耕种、居住、栽培、练习等意义,引申为培养、教育、训练、发展等意义,表示人的性情的陶冶、品德的教养,一般在人的文化水平、教育程度、品德修养等意义上运用。[②]在古汉语中,"文化"是"文"与"化"两个字组成的复合词。甲骨文的"文"字,像一个袒胸而立、身有花纹纹饰的人,后引申为各色交错的纹理。《周易》说"物相杂,故曰文",《礼记》说"五色成文而不乱",《说文解字》说"文,错画也,象交文",由此进一步引申为文字典籍、礼乐制度、文德教化等含义。因为与五色成文有关,"文"字又有了与"质""实"相对的含义,引申为精神修养、

---

① 张爱群:《谈谈"什么是文化"》,《思想政治课教学》2005 年第 7 期。

② 参阅郭齐勇《文化学概论》,武汉大学出版社 2014 年版,第 3 页;张岱年、方克立主编《中国文化概论》,北京师范大学出版社 2004 年版,第 2 页。

德行美善之义。"化"字本义指改易、生成、造化。《周易》中有"男女构精，万物化生"，由自然万物的生成、变易，引申出对伦理道德、社会文明的化成等教育与塑造过程的表达。[①]

今天，从学术研究的视角看，文化的内涵有广义和狭义之分。

广义的文化，是指人类创造的物质财富和精神财富的总和。也就是说，现存的一切人类创造的都是文化。广义的文化可以分为物质文化（人类创造的物质产品体现出的文化，包括所用的技术和艺术）和非物质文化（人类在社会历史实践过程中创造的各种精神文化，即非物质形态的、有艺术价值或历史价值的文化）。狭义的文化，一般就是指精神文化，"一定的文化（当作观念形态的文化）是一定社会的政治和经济的反映"[②]，也可以说是社会的意识形态以及与之相适应的制度和组织机构。

在中国文化的话语体系中，理解文化的概念还可以更具体一些。在中国，早期的"文化"是"纹花"，像西安半坡出土的人面鱼纹彩陶盆，是一个非常具体的"纹花"，它高 16.5 厘米，口径 39.8 厘米，由细泥红陶制成，敞口卷唇，口沿处绘间断黑彩带，内壁以黑彩绘出两组对称人面鱼纹。人面呈圆形，头顶有似发髻的尖状物和鱼鳍形装饰。前额右半部涂黑，左半部为黑色半弧形。眼睛细而平直，似闭目状。嘴巴左右两侧分置一条变形鱼纹，鱼头与人嘴外廓重合，似乎是口内同时衔着两条大鱼。另外，在人面双耳部位也有相对的两条小鱼分置左右，从而构成形象奇特的人鱼合体。在两个人面之间，有两条相互追逐状的大鱼。半坡人面鱼纹彩陶盆表达了人与鱼之间的关系，有人认为半坡人以打鱼为

---

① 张爱群：《谈谈"什么是文化"》,《思想政治课教学》2005 年第 7 期。

②《毛泽东选集》第二卷，人民出版社 1991 年版，第 663 页。

生；有人认为人面是巫师的头像，正在搞巫术活动；还有人认为，人面鱼纹是半坡氏族的图腾，即鱼图腾氏族的族徽……不管怎么说，人面鱼纹彩陶盆是人为的即由人创造的东西，反映了人对外部世界的认知。这是"纹花"的意义，也是"文化"的早期意义。

到了春秋时期，孔子（前551—前479）又赋予"文化"新的意义——人文化成。伏羲画八卦，文王演周易。孔子编六经时对《周易》进行了深入研究，《史记·孔子世家》："孔子晚而喜《易》，序彖、系、象、说卦、文言。读《易》，韦编三绝。"因此，孔子对《易》有着深刻的理解。"刚柔交错，天文也。文明以止，人文也。观乎天文以察时变，观乎人文以化成天下。"刚（上卦为艮，艮为山，为刚）、柔（下卦为离，离为火，为柔）交错，为天文，是日月星辰运行的景象；文明约束人类行止，为人文，是人类社会发展的景象。观察日月星辰运行的景象，可以知道四季时序的变化；观察人类社会发展的景象，可以推行教化成就天下。这里的"人文以化成"，即"文化"，也就是通过上升为国家制度的礼乐典章制度，对人的行为进行规范教化，实现天下文治昌明。

到了汉朝，"文化"上升为一种国家治理的方式。刘向《说苑·指武》说："圣人之治天下也，先文德而后武力。凡武之兴，为不服也，文化不改，然后加诛。"古代圣人治理天下，先施以文德教化，如文德教化不奏效，再施加武力。这里的"文化"，就是文德教化。荀悦提出国家治理要"崇五政"，其中之一是"宣文教以章其化"①，也就是文治教化。所谓"文治"，就是以文化教育和礼乐来治理天下；所谓"教化"，就是上所施下所效也。

---

① 荀悦撰，黄省曾注，孙启治校补：《申鉴注校补》，中华书局2012年版。

### （三）中国传统文化

俗话说，一方水土养一方人，不同地域的人，由于环境不同、生活方式不同、地理气候不同，思想观念和文化性格也会不同。2014 年，习近平主席在联合国教科文组织总部的演讲中指出："人类在漫长的历史长河中，创造和发展了多姿多彩的文明。从茹毛饮血到田园农耕，从工业革命到信息社会，构成了波澜壮阔的文明图谱，书写了激荡人心的文明华章。……不论是中华文明，还是世界上存在的其他文明，都是人类文明创造的成果。"

中国文化源远流长。中国传统文化，就是中国文明历史长河积淀下来并具有稳定性形态的文化。中华民族在农耕时代就创造了举世公认的灿烂文化和辉煌成就，中华文明是世界四大文明中唯一没有中断的文明，展示了中华文明的深厚底蕴、坚韧品格与历久弥新的生命活力。

从广义上说，中国传统文化的内容包括自然科学、人文科学的各个门类，包括中国历史发展各个时期的文化积累，包括中国社会和中华民族的风土人情，等等。具体地说，应该包括语言文字、思想观念、礼仪制度、思维方式、价值取向、道德情操、生活方式、风俗习惯、宗教信仰、文学艺术、科学技术等各个层面。从地域分布上看，博大精深的中国传统文化包括有灿烂的中原文化，也包括各呈异彩的燕赵文化、三晋文化、东夷文化、齐鲁文化、吴越文化、荆楚文化、巴蜀文化、岭南文化，等等。

## 二、如何弘扬中国传统文化

习近平总书记非常熟悉中国传统文化，在接受中央电视台采访时，他曾说："我本人也是一个中华文化的热烈拥护者。"2013 年 3 月，习近平

总书记在第十二届全国人民代表大会第一次会议上指出："中华民族具有5000 多年连绵不断的文明历史，创造了博大精深的中华文化，为人类文明进步作出了不可磨灭的贡献。经过几千年的沧桑岁月，把我国 56 个民族、13 亿多人紧紧凝聚在一起的，是我们共同经历的非凡奋斗，是我们共同创造的美好家园，是我们共同培育的民族精神，而贯穿其中的、更重要的是我们共同坚守的理想信念。"因此，传承与弘扬中华优秀传统文化，是习近平总书记鼓舞中华民族坚定文化自信、创造人类文明新形态、建设中华民族现代文明的应有之义。

（一）发出号召：大力弘扬中国传统文化

2013 年 11 月，习近平总书记视察曲阜，并在孔子研究院主持了一个座谈会。在座谈会上，习近平总书记说："一个国家、一个民族的强盛，总是以文化兴盛为支撑的，中华民族伟大复兴需要以中华文化发展繁荣为条件。""我这次来曲阜就是要发出一个信息，要大力弘扬中国传统文化。"

（二）要坚持"两个讲清楚"

2014 年 2 月，十八届中共中央政治局就培育和弘扬社会主义核心价值观、弘扬中华传统美德进行第十三次集体学习。习近平总书记强调，培育和弘扬社会主义核心价值观必须立足中华优秀传统文化，"要讲清楚中华优秀传统文化的历史渊源、发展脉络、基本走向，讲清楚中华文化的独特创造、价值理念、鲜明特色，增强文化自信和价值观自信"。在这里，习近平总书记明确提出，弘扬中华优秀传统文化要坚持"两个讲清楚"。

（三）坚持创造性转化和创新性发展

在十八届中央政治局第十三次集体学习中，习近平总书记讲到深入挖掘中华优秀传统文化的时代价值时，提出了"要处理好继承和创造性发展的关系，重点做好创造性转化和创新性发展"，这是习近平总书记首次提出关于弘扬中华优秀传统文化的"两创"路径。

2014 年 9 月，习近平主席在纪念孔子诞辰 2565 周年国际学术研讨会暨国际儒学联合会第五届会员大会开幕会上指出，"孔子创立的儒家学说以及在此基础上发展起来的儒家思想，对中华文明产生了深刻影响，是中国传统文化的重要组成部分"。"传统文化在其形成和发展过程中，不可避免会受到当时人们的认识水平、时代条件、社会制度的局限性的制约和影响，因而也不可避免会存在陈旧过时或已成为糟粕的东西。"因此"要坚持古为今用、以古鉴今，坚持有鉴别的对待、有扬弃的继承，而不能搞厚古薄今、以古非今，努力实现传统文化的创造性转化、创新性发展，使之与现实文化相融相通，共同服务以文化人的时代任务"。弘扬中华优秀传统文化的"两创"路径，在这里更进一步清晰呈现出来。

（四）坚持"两个结合"

2021 年 3 月，习近平总书记视察朱熹园，首次阐释了弘扬中华优秀传统文化的"第二个结合"。他说："如果没有中华五千年文明，哪里有什么中国特色？如果不是中国特色，哪有我们今天这么成功的中国特色社会主义道路？"我们要特别重视挖掘中华五千年文明中的精华，弘扬中华优秀传统文化，把其中的精华同马克思主义立场观点方法结合起来，坚定不移地走中国特色社会主义道路。

2021 年 7 月 1 日，在庆祝中国共产党成立 100 周年大会上，习近平总书记完整阐释了"两个结合"：必须继续推进马克思主义中国化，坚持把马克思主义基本原理同中国具体实际相结合、同中华优秀传统文化相结合，用马克思主义观察时代、把握时代、引领时代，继续发展当代中国马克思主义、21 世纪马克思主义。"两个结合"成为弘扬中华优秀传统文化的不二方法。

2022 年 10 月，中国共产党第二十次全国代表大会胜利召开。习近平总书记在报告中指出："中华优秀传统文化源远流长、博大精深，是中华文明的智慧结晶，其中蕴含的天下为公、民为邦本、为政以德、革故鼎新、任人唯贤、天人合一、自强不息、厚德载物、讲信修睦、亲仁善邻等，是中国人民在长期生产生活中积累的宇宙观、天下观、社会观、道德观的重要体现，同科学社会主义价值观主张具有高度契合性。我们必须坚定历史自信、文化自信，坚持古为今用、推陈出新，把马克思主义思想精髓同中华优秀传统文化精华贯通起来、同人民群众日用而不觉的共同价值观念融通起来，不断赋予科学理论鲜明的中国特色，不断夯实马克思主义中国化时代化的历史基础和群众基础，让马克思主义在中国牢牢扎根。"

### （五）以建设中华民族现代文明为目标

2023 年 6 月，在文化传承发展座谈会上，习近平总书记系统总结了中华优秀传统文化的思想，并提出了推进中国特色社会主义文化建设，建设中华民族现代文明的文化建设目标。他指出：中国文化源远流长，中华文明博大精深。只有全面深入了解中华文明的历史，才能更有效地推动中华优秀传统文化创造性转化、创新性发展，更有力地推进中国特色社会主义文化建设，建设中华民族现代文明。为此，必须深刻把握中华文明的连续性、创新性、统一性、包容性和和平性五大特性，深刻理解"两个结合"的重大意义，更好地担负起新的文化使命。

习近平总书记关于弘扬中华优秀传统文化的重要论述，从大力弘扬中国传统文化、文化"两创""两个结合"，到推进中国特色社会主义文化建设、建设中华民族现代文明，为我们今天弘扬中华优秀传统文化、坚定"四个自信"提供了根本遵循。

## 三、弘扬中华优秀传统文化的内容：中国传统文化的基本精神

关于弘扬中国传统文化，习近平总书记明确指出要坚持"两个讲清楚"。首先要讲清楚中国传统文化的历史。2014 年 9 月，习近平主席在纪念孔子诞辰 2565 周年国际学术研讨会暨国际儒学联合会第五届会员大会开幕会上说："中国传统文化，尤其是作为其核心的思想文化的形成和发展，大体经历了中国先秦诸子百家争鸣、两汉经学兴盛、魏晋南北朝玄学流行、隋唐儒释道并立、宋明理学发展等几个历史时期。"这是第一个"讲清楚"。其次要讲清楚中国传统文化的内容。关于中华优秀传统文化的内容，习近平总书记曾列举出"十大思想"，并进一步指出"其中最核心的内容已经成为中华民族最基本的文化基因"，这是第二个"讲清楚"。这些最基本的文化基因，也就是中国传统文化的基本精神。

### （一）文化的基本精神

文化的基本精神，是伴随着文化孕育、发展形成的核心思想，是一个民族独特的精神标识。梁启超（1873—1929）曾在《新民说》中形象地说：凡一国之能立于世界，必有其国民独具之特质，上至道德法律，下至风俗习惯、文学美术，皆有一种独立之精神，祖父传之，子孙继之，然后群乃结，国乃成。梁启超强调了"国民独具之特质""独立之精神"，他认为，有了这个"特质"和"精神"，民族就形成了，国家就形成了，这就是文化的基本精神。

因此，文化的基本精神就是文化发展过程中精微的内在动力，也就是指导民族文化不断前进的基本思想。[①] 而中国传统文化的基本精神，就是

---

① 张岱年：《中国文化的基本精神（上）》，《党建论坛（干部文摘）》2015 年第 9 期。

中国传统文化发展过程中精微的内在动力。

辜鸿铭（1857—1928）在《中国人的精神》中阐释说：我所指的中国人的精神，是中国人赖以生存之物，是本民族固有的心态、性情和情操。这种民族精神使之有别于其他任何民族。具有为中世纪基督徒或其他任何处于初级阶段的民族所没有的思想与理性的力量，中国人的精神是一种永葆青春的精神，是不朽的民族魂，其答案只能从他们的文明中去寻找。

2014 年 10 月，习近平总书记在主持十八届中共中央政治局第十八次集体学习时指出："中华传统文化源远流长、博大精深，中华民族形成和发展过程中产生的各种思想文化，记载了中华民族在长期奋斗中开展的精神活动、进行的理性思维、创造的文化成果，反映了中华民族的精神追求，其中最核心的内容已经成为中华民族最基本的文化基因。"2016 年，习近平总书记在庆祝中国共产党成立 95 周年大会上的讲话中说："在 5000 多年文明发展中孕育的中华优秀传统文化……积淀着中华民族最深层的精神追求，代表着中华民族独特的精神标识。"因此，从这个意义上说，中国传统文化的基本精神，也就是中华民族的民族精神。

**（二）中国传统文化的基本精神**

中华文明探源工程等重大工程的研究成果，证实了我国百万年的人类史、一万年的文化史、五千多年的文明史。在这个漫长过程形成和发展起来的自强不息的奋斗精神、厚德载物的包容精神、人本精神、礼治精神和天人合一精神，是中华文明的智慧结晶和精华所在，是中华民族的根和魂。

**1. 自强不息的奋斗精神**

"自强不息"语出《周易·乾卦》："天行健，君子以自强不息。"天体运行，周而复始，刚健有力；君子应该效法天，不懈怠努力，不断地有所作为。"自强不息"是儒家的重要理念，是中华民族生生不息、薪火相传的精神气质。

"自强不息"的奋斗精神，首先表现在天人关系上，强调"与天地参"。"参"有参拜的含义，也就是人与天地一并受到参拜；"参"也有"三"的含义，也就是儒家讲的天地人"三才"，人与天地并存。《中庸》对天地人的这种关系做了解释："唯天下至诚，为能尽其性；能尽其性，则能尽人之性；能尽人之性，则能尽物之性；能尽物之性，则可以赞天地之化育；可以赞天地之化育，则可以与天地参矣。"只有天下至诚的圣人，才能尽量发挥自己天赋的本性；能尽量发挥自己天赋的本性，才能尽量发挥天下人的本性；能尽量发挥天下人的本性，才能尽量发挥万物的本性；能尽量发挥万物的本性，才可以帮助天地对万事万物进行演化和发展；能帮助天地对万事万物进行演化和发展，便可以与天地并立为三了。中国共产党为中国人民谋幸福、为中华民族谋复兴的过程可以说是对这段话的最好诠释。

1840年鸦片战争后，救亡图存是中国社会的主题。为了实现这一目标，中国人民前赴后继，进行了艰苦卓绝的斗争，从三元里抗英、洋务运动、太平天国运动、戊戌变法、义和团运动到辛亥革命、护国运动、护法运动，这些努力都失败了。中国向何处去？中国人一度陷入了迷茫。十月革命一声炮响，给中国送来了马克思主义，于是有了五四运动，有了马克思主义与中国工人运动相结合的中国共产党。为了让中国摆脱被奴役被压迫的境地，实现救亡图存，中国共产党在第二次全国代表大会上就提出了中国民主革命纲领：对内，消除内乱、打倒军阀，建设国内和平；对外，推翻国际帝国主义的压迫，实现中华民族完全独立；统一中国为真正的民主共和国。

1949 年 10 月 1 日，中华人民共和国成立了，救亡图存的目标实现了，开辟了中国历史的新纪元。在党的七届二中全会上，毛泽东代表中国共产党提出，下一步的目标，就是把党的工作重心由乡村转移到城市，并以生产建设为中心。经过三年经济恢复时期，在 1952 年底提出了"一化三改"的过渡时期总路线。到 1956 年，"三大改造"完成，社会主义制度基本建立。在党的八大上，改变了关于中国社会主要矛盾的叙述，指出中国社会的主要矛盾是人民对于经济文化迅速发展的需要同当前经济文化不能满足人民需要的状况之间的矛盾，因此要解放和发展生产力。于是，党领导中国人民进行了社会主义建设实践，虽然这期间遭受了一些挫折，但是党的十一届三中全会开启了中国改革开放的伟大历史进程。2017 年，在经历了 40 年的改革开放后，党召开了第十九次全国代表大会，习近平总书记宣布：我国稳定解决了十几亿人的温饱问题，总体上实现小康，人民美好生活需要日益广泛，因此，我国社会主要矛盾已经转化为人民日益增长的美好生活需要和不平衡不充分的发展之间的矛盾。为了解决这些矛盾，党提出了 2035 年远景目标和实现"两个一百年"奋斗目标的愿景。中华民族已经进入全面复兴的快车道。中国共产党初创时，党员人数仅 50 余人，2023 年底，中国共产党党员人数达到 9918.5 万名。今天，我们回顾中华人民共和国的历史、回顾近代中国史、回顾漫长的中国历史和中华民族的历史，甚至是人类的历史，都要承认：中国共产党解决了中国几千年历代政府没有解决的中国人的温饱问题，解决了人类历史上人口最多的群体的生存和发展问题；中国式现代化创造了人类文明新形态，拓展了发展中国家走向现代化的途径。

"自强不息"的奋斗精神其次表现在知行关系上，强调"行重知轻""力行为重"，强调知行合一。

儒家特别重视知行，孔子践行的是通过学习获得知识，"我非生而知之者，好古，敏以求之者也"（《论语·述而》）；他同时重视"行"，主张"君子欲讷于言而敏于行"（《论语·里仁》）。他明确地说："好学近乎知，力行近乎仁，知耻近乎勇。知斯三者，则知所以修身；知所以修身，则知所以治人；知所以治人，则知所以治天下国家矣。"（《中庸》）这是把知行上升到修身治国的高度。荀子提出了"君子博学而日参省乎己，则知明而行无过矣"的命题，可以说是"知行合一"说之滥觞。① 朱熹主张"知行常相须""知为先""行为重"（《朱子语类·学三》）。王阳明则认为"知者行之始，行者知之成""知行不可分作两事"（《传习录》）。

"知"首先要"知"理想信念，要立志高远。"大学之道，在明明德，在亲民，在止于至善"，要"为天地立心，为生民立命，为往圣继绝学，为万世开太平"。

"行"首先要"辟如行远必自迩，辟如登高必自卑"（《中庸》），要从格物致知开始，而至诚意、正心、修身、齐家、治国、平天下。要有"天下兴亡，匹夫有责"的担当，要有"人生自古谁无死，留取丹心照汗青"的历史使命感。

要刻苦坚韧。正如孟子所言："天将降大任于是人也，必先苦其心志，劳其筋骨，饿其体肤，空乏其身，行拂乱其所为，所以动心忍性，曾益其所不能。"

要逆境奋斗，孔子曾说"吾少也贱，故多能鄙事"；司马迁在《报任安书》中总结古代先贤的成功，都是在逆境中坚守："盖文王拘而演《周易》；仲尼厄而作《春秋》；屈原放逐，乃赋《离骚》；左丘失明，厥有

---

① 吴光：《"知行合一"的内涵与现实意义》，《光明日报》2017年4月10日。

《国语》；孙子膑脚，《兵法》修列；不韦迁蜀，世传《吕览》；韩非囚秦，《说难》《孤愤》;《诗》三百篇，大抵贤圣发愤之所为作也。"

要乐观进取。孔子一生为理想而奋斗，从未退缩，陈蔡绝粮而"弦歌不衰"，畏于匡而发出了"文王既没，文不在兹乎"的豪言。叶公问孔子于子路，子路不对。子曰："女奚不曰，其为人也，发愤忘食，乐以忘忧，不知老之将至云尔。"（《论语·述而》）

要革故鼎新。说到文化的传承，孔子认为"损益"可知："殷因于夏礼，所损益，可知也；周因于殷礼，所损益，可知也。"（《论语·为政》）"苟日新，日日新，又日新"，世界日新月异，人只有在精神上得到洗礼、在品德上获得锤炼、在思想上接受改造，才能不断进步成长。

"自强不息"的奋斗精神集中体现了中华民族的性格特征、精神气质、心理素质及人生态度，是中华民族自立于世界民族之林的精神动力。中国共产党的发展史，就是一部自强不息的奋斗史，就是一部中国共产党领导中国人民站起来、富起来、强起来的奋斗史，就是一部不断推进理论创新、进行理论创造的历史。

2.厚德载物的包容精神

"厚德载物"语出《周易·坤卦》："地势坤，君子以厚德载物。"君子的胸怀像大地一样宽广，德行像大地一样深厚，所以能够滋长万物，承载万物，容纳万物。"德"是"厚德载物"的内核，在中华文化发展过程中构成了人们生活行为的准则规范，是中华民族的优良传统和智慧结晶。"厚德载物"体现着中华文明海纳百川的兼容精神和广阔胸怀，鲜明地刻画了中华民族的可贵精神，为中华民族生生不息提供了强大精神支撑。

第一，"厚德载物"的包容精神体现为宽广仁厚、兼容并包的精神特质。儒家的仁爱思想、和合思想等就是厚德载物的表现。

《周易·系辞上》说"安土敦乎仁，故能爱"，安于所处的环境，敦行仁道，才能泛爱天下，这是《周易》中仁爱思想的深刻反映。仁爱是"厚德载物"思想所提倡的道德行为准则，亦是儒家思想体系的核心。"孔子贵仁"（《吕氏春秋》），孔子将"仁"上升为道德自律的最高境界，故有"仁者爱人"的阐发。孟子说："君子之于物也，爱之而弗仁；于民也，仁之而弗亲。亲亲而仁民，仁民而爱物。"（《孟子·尽心上》）孟子将"厚德载物"思想中仁爱的道德准则——"亲亲""仁民""爱物"由近及远地推广。

"和合"思想是中华传统文化特有的精神内核。"和"的本义是吹奏类的乐器，引申为声音和谐；而"合"的原意是器皿闭合，引申为两物相合、彼此融洽。"君子和而不同"是孔子所言。《中庸》提出："中也者，天下之大本也；和也者，天下之达道也。致中和，天地位焉，万物育焉。"将"和合"思想蕴含的和顺、和畅、和美等意义由人类推及整个宇宙自然。和合意味着不同事物之间的关系状态，"乾道变化，各正性命"（《周易·乾卦》），具体来说就是承认不同事物之间的差异性和多样性，强调差异中的一致、矛盾中的统一。和合在承认事物差异性、多样性的基础上，把落脚点放在不同事物彼此共存、相互交融、共同发展上，诚如《周易》所述"与天地合其德，与日月合其明，与四时合其序，与鬼神合其吉凶"。

这是中国传统文化与其他文化的不同之处。中国传统文化提倡"仁者爱人"（《孟子·离娄下》），"仁者无敌"（《孟子·梁惠王上》），"四海之内皆兄弟也"（《论语·颜渊》），因此中国文化中没有把自己的意志强加于人的内容，"礼闻来学不闻往教"（《礼记·曲礼》）。

第二，"厚德载物"的包容精神体现在人际关系上，就是强调严己宽人，推己及人。

每个人的成长环境不同、受教育程度不同，因此认知方式和认知能力等有差异。"厚德载物"的包容精神要求做人首先严格要求自己，同时宽容别人；要站在自己的角度去推想别人的想法，要多站在别人的角度思考与人相处之道。

严己首先要自律。君子"克己复礼"，克制自己的欲望，不让欲望泛滥，让自己做的事都符合规矩；君子"慎独"，君子在一个人的时候，心中也有底线、有戒惧。其次要"自省"。曾子说："吾日三省吾身，为人谋而不忠乎？与朋友交而不信乎？传不习乎？"（《论语·学而》）孔子闻过则喜，"丘也幸，苟有过，人必知之"（《论语·述而》），这种坦荡的胸怀就是"严己"的最好写照。

"宽人"，"宽则得众"（《论语·尧曰》），为人宽厚才会得到众人的拥护；"躬自厚而薄责于人"（《论语·卫灵公》），要多想想自己有哪些不足，而不要总是去指责别人；"己欲立而立人，己欲达而达人"（《论语·雍也》）；"己所不欲，勿施于人"（《论语·颜渊》），你不想做的事，不要强加于别人。

第三，"厚德载物"的包容精神还表现在百家思想的融合上。

考古学提供的证据表明，中国文化有六大发生区域①，其发展态势的多元一体是中华文化得以出现百家争鸣、百花齐放态势的一个厚重的文化基础。春秋战国时期，社会出现了大变动、大变革，代表各阶层、各派政治力量的学者和思想家都按照本阶层或本集团的利益和要求，对宇

---

① 以燕山南北、长城地带为中心的北方区，以山东为中心的东方区，以关中、晋南、豫西为中心的中原区，以环太湖为中心的东南区，以环洞庭湖与四川盆地为中心的西南区，以鄱阳湖—珠江三角洲为中轴的南方区。

宙、社会、万事万物作出解释，或提出主张，于是出现了从春秋时期的儒家、道家和墨家思想争奇斗艳，到战国时期法家、道家、墨家、儒家、阴阳家、名家、杂家、农家、小说家、纵横家、兵家、医家等百家争鸣的局面。这让中华文化的多元性形态开始具备。甚至连儒家提出的"天下为公"的"大同"理想，即"大道之行也，天下为公，选贤与能，讲信修睦。故人不独亲其亲，不独子其子，使老有所终，壮有所用，幼有所长，矜、寡、孤、独、废疾者皆有所养，男有分，女有归。货恶其弃于地也，不必藏于己；力恶其不出于身也，不必为己。是故谋闭而不兴，盗窃乱贼而不作，故外户而不闭。是谓大同"（《礼记·礼运》），也体现着百家思想的融合。"选贤与能"与墨家的"尚贤"相似，所谓"大道之行""谋闭不兴""外户不闭"在一定程度上也体现出了道家思想的色彩。

第四，"厚德载物"的包容精神也体现在各民族文化的相互融合上。

中华民族各民族间的相互融合，其实从炎帝、黄帝和蚩尤三大部落合而为一的时代就已经开始。此后，春秋战国到秦汉时期的融合达到了第一个高峰。魏晋南北朝到隋唐时期，北方少数民族南下，以北魏孝文帝为代表的北方民族先后实行改革，接受中原地区先进文化，出现了民族血脉、文化的又一次大融合。辽宋夏金元明清时期，中华民族各民族间和中华文化南北间的交流规模空前。这些都是"厚德载物"的包容精神的体现。

2019年，习近平总书记在全国民族团结进步表彰大会上指出："一部中国史，就是一部各民族交融汇聚成多元一体中华民族的历史，就是各民族共同缔造、发展、巩固统一的伟大祖国的历史。各民族之所以团结融合，多元之所以聚为一体，源自各民族文化上的兼收并蓄、经济上的相互依存、情感上的相互亲近，源自中华民族追求团结统一的内生动力。正因为如此，

中华文明才具有无与伦比的包容性和吸纳力，才可久可大、根深叶茂。"

第五，"厚德载物"的包容精神还表现在中华文化以开放的胸襟学习外来文化。

中华文化不是孤立于世界的，不是封闭保守的。早在四千多年前，玉石之路就已将中原、西域和中亚、西亚连接起来。《山海经》描绘的"四海八荒"的奇人异物，反映了先民们丰富的域外知识和旺盛的探求精神。古人认为，"和实生物，同则不继"（《国语·郑语》），坚持包容和谐，才能生成万物，若完全趋同单一，反而无法延续发展。孔子曾说："有朋自远方来，不亦乐乎？"在漫长历史中，中华文化坚持以开放博大的胸怀面对其他文化。中华文化积极吸纳、融合其他文明的有益成分。正如古人所言，"太山不让土壤，故能成其大；河海不择细流，故能就其深"（李斯《谏逐客书》），中国先民深知兼容并蓄、广纳博收的必要性。经由丝绸之路、瓷器之路、茶叶之路，乃至其他大大小小的对外交通孔道，全世界的文明成果，无论物种、技术，还是资源、人群，抑或是思想、文化，都持续不断地进入中国。胡服骑射、玄奘取经、鉴真东渡等都是明证。中华文明五千多年的发展史充分说明，中外文明的交流互鉴始终未曾间断，中华文化在这一过程中也不断获得赖以发展壮大的新资源、新动力。

3. 人本精神

人本精神就是"以人为本"的精神，强调的是天地之间以人为尊，人神之间以人为本，其核心就是以人为中心，以人为根本，注重人的生命与价值，这是中国传统文化的基本精神。

中国传统文化贯穿了"以人为本"的精神。"民为邦本"语出《尚书·五子之歌》："皇祖有训，民可近，不可下，民惟邦本，本固邦宁。"

伟大的先祖有训示，民众只可亲近，不可轻侮疏远；民众为国家之根本，根本巩固了，国家才能安定。《尚书》被称为"政事之纪"，"民本"思想是《尚书》对前世治道的总结。

春秋初期随国大夫季梁提出："夫民，神之主也。是以圣王先成民，而后致力于神。"（《左传·桓公六年》）在那个把祭祀作为"国之大事"的时代，把"民"称为"神之主"，突出了"民"在国中的地位。《礼记·缁衣》记载了孔子的思想，"民以君为心，君以民为体。……君以民存，亦以民亡"，从君民关系的角度阐释了民本思想。孟子更提出"民为贵，社稷次之，君为轻"（《孟子·尽心下》）的著名论断，"得其民，斯得天下矣"（《孟子·离娄上》）。荀子提出，"君者，舟也；庶人者，水也。水则载舟，水则覆舟"（《荀子·王制》），"天之生民，非为君也；天之立君，以为民也"（《荀子·大略》）。此后，先贤圣哲对"民本"多有阐发。

汉代贾谊在总结秦亡教训的基础上提出"国以民为本"，"闻之于政也，民无不为本也。国以为本，君以为本，吏以为本"（《新书·大政上》）。唐太宗提出，"每思出一言，行一事""犹恐不称天心及百姓意也"（《贞观政要》）。朱熹发挥了孟子的"民贵君轻"思想，提出"国以民为本，社稷亦为民而立"（《四书章句集注·孟子集注》）；黄宗羲提出"天下为主，君为客"（《明夷待访录·原君》），将"民"作为天下之主，这一思想成为反对君主专制的思想基础。鸦片战争后，救国志士如梁启超也提出"国者积民而成，舍民之外，则无有国"（《论近世国民竞争之大势及中国前途》）。"民为邦本"理念绵延几千年，成为中华优秀文化的核心内容之一。

为践行"民为邦本"理念，先贤圣哲也提出并实施了一些爱民、利民、养民之策。《尚书》提出"安民则惠，黎民怀之""怀保小民，惠鲜

鳏寡"。周公提出"敬天保民""明德慎罚"。孔子主张"爱人",提出"庶""富""教"三大养民之策。孟子提倡实施"仁政",希冀为政者要让百姓"仰足以事父母,俯足以畜妻子"。荀子提出"利而后利之,爱而后用之者,保社稷也",君臣都应该以富民为己任,民富、国富而后国强。贾谊提出,仁义、德政的中心是爱人和利人,要重农贵粟,使民安于生产。刘安在《淮南子》中提出"治国有常,而利民为本"。董仲舒以儒家学说立论,提出统治者要施行仁政,不与民争利,"薄赋敛,省徭役,以宽民力"。董仲舒等人的德政思想得到汉武帝的认可,"罢黜百家,尊崇儒术"使主张仁政的儒家学说成为中国思想的主流。唐太宗提出了"为政之要",要体察民情,顺应民心、关心民之生老病死,要施惠于民;朱熹提出"天下国家之大务莫大于恤民"。朱元璋将"安民""恤民"作为争夺天下和维护统治的重要手段。

实际上,《礼记·礼运》记载了孔子设想的"天下为公"的"大同"理想:"使老有所终,壮有所用,幼有所长,矜、寡、孤、独、废疾者皆有所养。"近代,洪秀全提出"有田同耕,有饭同食,有衣同穿,有钱同使,无处不均匀,无人不饱暖",康有为提出"大同之世,天下为公,无有阶级,一切平等",孙中山提出民族、民权、民生的三民主义。

中国共产党自诞生之日起,就将为中国人民谋幸福、为中华民族谋复兴作为初心使命,让中国人民站起来、富起来,让中国强起来,让人民当家作主是中国共产党人不懈追求的奋斗目标。实行全过程人民民主,这个民主体现了一切为了人民、一切依靠人民的人民至上理念,让古老的人本精神在新时代实现了创造性转化、创新性发展。

4.礼治精神

礼是中国文化之重要特征和标志,中国被称为礼仪之邦,中国古代也有系统的礼乐文明。礼在中国的政治系统、社会生活伦理系统中，都占据着非常重要的地位。春秋战国时期天下乱象丛生，"礼崩乐坏"（《论语·阳货》）。

礼源自氏族时代的祭祀活动，"国之大事，在祀与戎"（《左传·成公十三年》）。祭拜天神和先祖的仪式是远古时代最重大的社会活动之一，要遵循严格庄重的程序和范式。由此，礼逐渐发展演化成保证祭祀仪式按程序和规矩顺利进行的基本规则，是对部落成员的一种具有外在约束力的习惯、法规、仪式、礼节。其实质是对秩序的要求，以及对身份、地位和与之相应的权利义务的划分。

到了周代，周公制礼作乐，把先民创造流传下来的"礼"，结合当时社会实际，进行了系统总结，"殷因于夏礼""周因于殷礼"，形成了国家社会治理的典籍《周礼》。《周礼》确定了王朝的基本制度，一是作为制度的礼，其中宗法制涉及王位、爵位的继承；分封制确定了公、侯、伯、子、男五等爵位，明确了人的身份及其所用的礼制。二是作为仪式的礼，朝觐规定了诸侯与周王的来往秩序，聘问确定了王朝、王国之间的交往秩序，祭祀明确了人神交际方式。这些礼仪以事为用，明确了周王朝的运行秩序。《礼记·曲礼》载："道德仁义，非礼不成；教训正俗，非礼不备；分争辨讼，非礼不决；君臣上下、父子兄弟，非礼不定；宦学事师，非礼不亲；班朝治军、莅官行法，非礼威严不行；祷祠祭祀、供给鬼神，非礼不诚不庄。"礼涉及国家社会的方方面面。不断完善形成的《周礼》《仪礼》《礼记》成为儒家的经典，这三部书从不同的层面反映了中国"礼"的内涵：《周礼》主要是对政治制度的设计；《仪礼》主要记述了节文仪式，即在特定情境下使用的带有表演色彩的一整套行为体系；《礼记》大体论述伦理道德思想，侧重阐发各种仪式的道德意义。统治者以

礼仪制度和道德为准则，来统治天下、处理国事。

孔子特别重视礼治。在《论语》中，"礼"字出现了74次。他比较了以德礼治国和以刑政治国的不同，"道之以政，齐之以刑，民免而无耻。道之以德，齐之以礼，有耻且格"（《论语·为政》），所以，他更强调以德礼治国。孔子的弟子有子还说"礼之用，和为贵。先王之道，斯为美，小大由之。有所不行，知和而和，不以礼节之，亦不可行也"（《论语·学而》），强调以礼来处理家事、国事和天下事等，同时强调了以"和"为贵。

礼治精神就是将礼治的内容予以加工改造，升华为一种社会理想，然后予以实施和推行。礼治精神的内涵表现在以下两点。

第一，礼与仁的结合。荀子说，"礼者，贵贱有等，长幼有差"（《荀子·富国》）。"礼"别尊卑，会在社会上造成看得见的不平等。因此，需要仁来消弭这种"有等"。孟子说："君子所以异于人者，以其存心也。君子以仁存心，以礼存心。仁者爱人，有礼者敬人。爱人者，人恒爱之；敬人者，人恒敬之。"（《孟子·离娄下》）这是礼治精神的要义。

第二，尊尊、亲亲。尊重应该尊重的人，亲近应该亲近的人。"尊尊"不仅适用于家庭内部，也适用于贵族之间、贵族与平民之间、君臣之间。"亲亲"要求"父慈、子孝、兄友、弟恭"，互相爱护团结。尊尊、亲亲落实到最后，其目的就是要求任何人都遵守这种原则所确定的礼制，各安其位，不超越自己的地位、等级。尊尊、亲亲维护了社会秩序，理顺了社会关系，也使社会形成了尊老爱幼的风尚。

第三，正名。孔子特别重视正名。母亲去世后，他千方百计寻找父亲的墓合葬父母，其实一方面是为"妾"身的母亲"正名"，另一方面也未尝不是为自己是叔梁纥身份的继承者"正名"。《论语·子路》记载：

子路曰：“卫君待子而为政，子将奚先？”子曰：“必也正名乎！”子路曰：“有是哉，子之迂也！奚其正？”子曰：“野哉，由也！君子于其所不知，盖阙如也。名不正则言不顺，言不顺则事不成，事不成则礼乐不兴，礼乐不兴则刑罚不中，刑罚不中则民无所措手足。故君子名之必可言也，言之必可行也。君子于其言，无所苟而已矣。”这段对话深刻反映了孔子对正名的重视。

5. 天人合一精神

天人合一是中国传统文化特别推崇的一个重要思想。中华民族历来重视人与自然的关系，通过观察自然、了解自然，获得关于自然的知识，实现人与自然和谐共生发展。“古者包牺氏之王天下也，仰则观象于天，俯则观法于地；观鸟兽之文与地之宜；近取诸身，远取诸物，于是始作八卦，以通神明之德，以类万物之情。”（《周易·系辞下》）这个描述再现了中华先祖探索人与自然关系的过程和目标。“天人合一”思想将人与万物视为不可分割的有机整体，代表了中国传统社会对人和自然关系朴素的基本认识，反映了中国古代劳动人民同自然相依共存、相融互促的辩证统一关系，蕴含着极为丰富的内涵，是中华优秀传统文化的重要组成部分。

天人合一有两层含义，一是天作为人性的赋予者或来源，与人性合一；二是天道与人道合一，天道是人道的前提和基础，人道是天道的顺承、效法和补充。

自然之天，空旷无垠，极高极大。天布寒暑，四季交替，万物生化。“天”具有主宰一切的力量。在“万物有灵”的观念下，人们相信天是一个有意志、具有人形的神明。《诗经》说“天生烝民”，古人相信人类由天所生，帝是人类的祖先。古人有非常烦琐的祭天仪式。最初人人都可

以祭天,五帝时代颛顼进行了一次"绝地天通"的改革,将祭天的权力垄断在统治者手中,从此祭天便成为一项具有浓厚政治意味的活动。《礼记》规定,只有天子才有祭天地、名山大川的资格。

商代时,人们对天或帝的迷信极深,认为天生万物,然后天又会派其子导治下民,成为万民的君主。所以,最高的掌权者又称"天子",其权力的合法性来自天。所以那些统治者都自认为是享有天命之人。周武王率领诸侯攻打朝歌,商纣王说:"呜呼!我生不有命在天?"(《尚书·西伯勘黎》)通过小邦周取代大邦殷的历史事件,周代的统治者们认识到,天命并不是永远不变的,所以提出了"天命靡常"(《诗经·大雅·文王》)、"皇天无亲,惟德是辅"(《尚书·蔡仲之命》)等命题。

春秋战国时期,道家、儒家等对天人问题都有过较为朴素的论证。老子最早提出"人法地,地法天,天法道,道法自然",认为天、地、人三者密不可分,人要实现与自然的和谐统一发展,达到"物我为一"的最佳状态,就必须遵循客观自然规律。庄子则从"物无贵贱""万物一体"出发,指出人与自然之间是共生共存的关系,主张人类社会的生产和生活应顺天行、循天理、合天德,按照自然规律办事。

《周易·文言传》中说:"夫大人者,与天地合其德,与日月合其明,与四时合其序。"这里的"大人"是指顺其自然、因势利导地处理好人与自然的关系,人与天道合一。儒家从孔子、孟子、董仲舒到后世理学家,都对天人合一有着独特的解释。

孔子和荀子是自然论的"天人合一"的代表。

《论语·阳货》记载:子曰:"予欲无言。"子贡曰:"子如不言,则小子何述焉?"子曰:"天何言哉?四时行焉,百物生焉,天何言哉?"这段对话生动表达了孔子的态度:一是"天"不言,但是四时变化、自然万物生生不息，体现了"天"的存在；二是要求学生去思考"天"，以认知"天"。所以，孔子提出"知天命""畏天命"等一系列命题，要求人们顺应自然社会的客观规律。荀子在此基础上，提出"制天命而用之"，"天有其时，地有其财，人有其治"（《荀子·天论》），人类能够根据对天时、地利的认识来利用自然、役使万物，成为自然界的主人。

董仲舒（前179—前104）是有神论的"天人合一"的代表性人物。

首先，董仲舒认为天意决定万物和人事。在《春秋繁露·立元神》中，董仲舒说："何谓本？曰：天、地、人，万物之本也，天生之，地养之，人成之。天生之以孝悌，地养之以衣食，人成之以礼乐。三者相为手足，合以成体，不可一无也。"他认为天、地、人是构成人类社会不可或缺的因素，它们相互贯通、密不可分，没有三者的相辅相成，人类社会将不会存在。"天者，百神之大君也。"（《春秋繁露·郊语》）"天者，万物之祖，万物非天不生。"（《春秋繁露·顺命》）董仲舒把现实中的人划分为君与臣民："古之造文者，三画而连其中，谓之王。三画者，天、地与人也，而连其中者，通其道也。取天地与人之中以为贯而参通之，非王者庸能当是。"（《春秋繁露·王道通三》）"唯天子受命于天，天下受命于天子"，他认为君主的权力来自天，把君主置于臣子与万民之上，以示皇权的尊贵。董仲舒还通过"天"对皇权做出约束："灾者，天之谴也；异者，天之威也。"当天子的个人行为导致天下动荡时，"天出灾害以谴告之"。这虽然充满了神秘色彩，但"天谴"实际上是对皇权的行使做出了约束，具有进步意义。

其次，董仲舒还在《春秋繁露》中指出，"人副天数"，"为生不能为人，为人者天也……天亦人之曾祖父也，此人之所以乃上类天也"。"人之形体，化天数而成；人之血气，化天志而仁；人之德行，化天理而

义；人之好恶，化天之暖清；人之喜怒，化天之寒暑；人之受命，化天之四时。""天以终岁之数成人之身，故小节三百六十六，副日数也；大节十二分，副月数也；内有五脏，副五行数也；外有四肢，副四时数也。""人有三百六十节，偶天之数也。""体有空窍理脉，川谷之象也。""以类合之，天人一也。"也就是说，人是天创造的，在各方面都与天类似，是天的"副本"，天人感应就是人的命运与天连在一起。

心性论的"天人合一"从孟子到宋儒，有一个发展的过程。

孟子所说的"天"极少有人格神的含义，主要是指道德之天。他的"天人合一"思想讲的是人与义理之天的合一，主要体现在他的道德哲学中。他认为人性、人心以天为本，追求道德境界的合一。"尽其心者，知其性也。知其性，则知天矣。存其心，养其性，所以事天也。夭寿不贰，修身以俟之，所以立命也。"（《孟子·尽心上》）"恻隐之心，仁也；羞恶之心，义也；恭敬之心，礼也；是非之心，智也。"（《孟子·告子上》）仁义礼智"四端"人皆有之，人心有此"四端"，所以人性本善。人之善性既是"天之所与我者"，又是"我固有之"者，所以天与人合一。这是孟子天人合一思想的核心要义。他从心性角度来探析天人关系，把人对外在的关系理解为主观意识（心）向内在道德本性（性、天）关系的演化。最终天人合一的理念便被理解为穷尽人性来参悟天性的过程体验。孟子还提出人性中皆有仁义、人皆可以为圣人等观点。"舜何人也，予何人也，有为者亦若是。"（《孟子·滕文公上》）作为一种道德主体，人人都是平等的。孟子从道德层面上肯定了人格上的平等，这是儒家伦理道德思想中的进步因素。

张载说，"乾称父，坤称母；予兹藐焉，乃混然中处。故天地之塞，吾其体；天地之帅，吾其性。民吾同胞，物吾与也"①，这说的是人与天地万物一体。"诚明所知乃天德良知……天人异用，不足以言诚；天人异知，不足以尽明。……义命合一存乎理，仁智合一存乎圣，动静合一存乎神，阴阳合一存乎道，性与天道合一存乎诚。"②"儒者则因明致诚，因诚致明，故天人合一。"③"因明致诚"是指由学习求知而体悟天性、天理，"因诚致明"是指由尽心、知性而穷理、识天。前者是由外向内收、由天向人下降，后者是由内向外推、由人向天上求。经过这种"合内外"之求、之功，可以达到"天人合一"的境界。达到这种境界，便可以超凡入圣，与天地同流、与万物一体了。

程颐、程颢天人观的前提是"天者理也"④，"万物皆有理"⑤，二程认为"实有是理，乃有是物"⑥，世界上的一切事物都是从"理"这里产生的。"天大无外，造化发育，皆在其间，自无内外之别"⑦，天地万事万物包括人类在内，都是"理"派生出来的，在这一点上，人和其他事物是没有区别的。因此，程颢说："天人本无二，不必言合。"⑧自然界和人是一体的。人要尊重自然，与自然和谐相处。

朱熹在总结张载、二程等人思想的基础上，系统地论述了天人关

---

① 张载著，章锡琛点校：《张载集》，中华书局1978年版，第62页。

② 张载著，章锡琛点校：《张载集》，中华书局1978年版，第20页。

③ 张载著，章锡琛点校：《张载集》，中华书局1978年版，第65页。

④ 程颢、程颐著，王孝鱼点校：《二程集》，中华书局1981年版，第132页。

⑤ 程颢、程颐著，王孝鱼点校：《二程集》，中华书局1981年版，第123页。

⑥ 程颢、程颐著，王孝鱼点校：《二程集》，中华书局1981年版，第1160页。

⑦ 程颢、程颐著，王孝鱼点校：《二程集》，中华书局1981年版，第1161页。

⑧ 程颢、程颐著，王孝鱼点校：《二程集》，中华书局1981年版，第81页。

系。他从天人一理的整体观出发，提出"天人本只一理，若理会得此意，则天何尝大，人何尝小也""天即人，人即天。人之始生，得于天也，既生此人，则天又在人矣"。朱熹看来，自然界生生之理，作为宇宙本体，具有"创生"的意义，是人性和善的真正来源，而人的道德本性便是它的真正实现。所谓"天人合一"，就是通过自我实现，达到同宇宙规律的统一。①

天人合一思想蕴含着中华民族对整个宇宙以及人与自然关系的认识和看法，即天道与人道、自然与人为的相通统一，一切人事均应顺乎自然规律，实现人与自然和谐共生。"天人合一"思想也体现了中华民族综合性整体考虑的思维方式，为人类提供了一个认识世界的重要方法。

---

① 参阅蒙培元《蒙培元全集》第五卷《朱熹哲学的终极命题——"天人合一"》，四川人民出版社 2021 年版。

# 弘扬儒家修身思想　滋养干部为政之德

张文珍

习近平总书记高度重视政德建设，有诸多重要论述。早在 2004 年，时任浙江省委书记的习近平同志在《求是》发表《用权讲官德　交往有原则》一文。他指出："所谓官德，也就是从政道德，是为官当政者从政德行的综合反映，包括思想政治和品德作风等方面的素养。"2018 年 3 月，习近平总书记在参加十三届全国人大一次会议重庆代表团审议时发表重要讲话，对政德的重要性及内涵作了深刻阐释：领导干部要讲政德。政德是整个社会道德建设的风向标。立政德，就要明大德、守公德、严私德。明大德，就是要铸牢理想信念、锤炼坚强党性，在大是大非面前旗帜鲜明，在风浪考验面前无所畏惧，在各种诱惑面前立场坚定，这是领导干部首先要修好的"大德"。守公德，就是要强化宗旨意识，全心全意为人民服务，恪守立党为公、执政为民理念，自觉践行人民对美好生活的向往就是我们的奋斗目标的承诺，做到心底无私天地宽。严私德，就是要严格约束自己的操守和行为。所有党员、干部都要戒贪止欲、克己奉公，切实把人民赋予的权力用来造福于人民。2021 年 6 月，习近平总

书记在青海考察时就"学史崇德"作了深刻论述：一要崇尚对党忠诚的大德，广大党员、干部永远不能忘记入党时所作的对党忠诚、永不叛党的誓言，做到始终忠于党、忠于党的事业，做到铁心跟党走、九死而不悔。二要崇尚造福人民的公德，广大党员、干部要站稳人民立场，始终同人民风雨同舟、生死与共，勇于担当、积极作为，切实把造福人民作为最根本的职责。三要崇尚严于律己的品德，广大党员、干部要慎微慎独，清清白白做人、干干净净做事，努力做一个高尚的人、一个纯粹的人、一个有道德的人、一个脱离了低级趣味的人、一个有益于人民的人。党的二十大报告以"推进文化自信自强，铸就社会主义文化新辉煌"为题阐述文化问题，提出了下一步推进文化建设的五项重点任务，第三点"提高全社会文明程度"中有"推动明大德、守公德、严私德，提高人民道德水准和文明素养"。"明大德、守公德、严私德"即立政德，将政德问题写进党代会报告，体现了对这个问题的高度重视。

接下来将从三个方面展开论述。

## 一、做官先做人，为政先修德

党的十九大报告提出，"深入实施公民道德建设工程，推进社会公德、职业道德、家庭美德、个人品德建设"。其中，职业道德是道德建设的重要组成部分。各行各业都有其特定的职业道德，比如警察、医生、教师、商人等，我们这里要讲的是领导干部的职业道德，也可以称为官德。习近平曾说："'官'作为一种社会职业，同医生、清洁工等社会职业一样，都是社会的需要。'官'作为一种社会职业，并无好坏可言。但为官是有好坏之分的。"（《摆脱贫困》）这是对"官"的最准确的定位，而"为官"之好坏与官德之优劣密切相关。

从历史上看，中国一向是一个重德的国家。早在三千多年前，也就是公元前 11 世纪左右，刚刚取得政权的西周王朝提出"以德配天"思想，认为"皇天无亲，惟德是辅"。什么意思呢？古人有一种朴素的天人合一理念，认为人世间的一切都是由上天决定的，包括人的命运、人手中掌握的权力等，即"天命神授"。上天在选择这个"人间代言人"的时候，并没有亲疏远近之别，只看其是否有德。有德的人或部族才会得到上天的眷顾与护佑，才会获得天命；无德者，当然不会获得授权；即使是曾经获得过统治人间权力的人或部族，后来如果失德了，也会被剥夺统治人间的权力。夏、商之所以覆亡，就是因为它的王夏桀、商纣等"不敬厥德，乃早坠厥命"，导致"上帝不保"（《尚书》）。西周统治者之所以提出这一观点，一方面是基于对以往历史的观察，另一方面也是为自己政权的合法性寻找理论依据。因为西周刚刚崛起，力量比较弱小，急需获得政权合法性的认可，于是"以德配天"思想应运而生。正是基于此，周人特别告诫其统治阶层要"敬德"，而且要"疾敬德"（《尚书·召诰》），就是要努力地、快快地提升自己的德行，否则已获得的政权也有可能重蹈夏、商之覆辙。周人这一理念非常重要，开辟了中国历史上重德的传统。

　　公元前 500 年前后，孔子及其所代表的儒家文化把这一传统进一步发扬光大，提出了许多细致的做人的规范。儒家另一位代表人物孟子特别针对统治阶层提出："惟仁者宜在高位。不仁而在高位，是播其恶于众也。"（《孟子·离娄上》）这是对执政者、领导者提出的严格的道德要求。

　　清代有一位官员叫张伯行，被康熙皇帝称赞为"操守为天下第一"，他曾论及"做官"与"做人"的关系说：做人好，做官自好；做官好，必由于做人好。若不求做人，只求做官，决不能为好官……学者应急求做

人，莫要急于做官。就是说要想把官做好，必须先做好人，这是前提。历朝历代都把德性修养放在重要的位置，所以从重德的传统来讲，毋庸置疑，中国是一个道德大国，已经形成了崇德向善的优良传统，即使在今天，这依然是社会的主流。但道德领域也存在这样那样的问题：一些人诚信缺失、道德滑坡，人生观、价值观扭曲，是非、善恶、美丑界限混淆，甚至颠倒错乱，个别人以丑为美，以作恶为能，以能搞一些不好的事情甚至不正之风为有能耐、有本事，这是非常可怕的。

从干部队伍看，中央领导同志的讲话多次强调，现在的干部群体学历层次高，知识水平、理论水平、领导能力大都没问题，但有些人缺乏道德修养。实际上，通过一些案例也可以发现，现在干部出问题，多数不是出在"才"上，而是出在"德"上。正像习近平指出的那样，"许多腐败分子走上犯罪道路，大多是从操守不严、品行不端、道德败坏开始的"。这虽然是非主流的、个别的现象，但影响十分恶劣。

近代著名思想家章太炎曾感叹："道德衰亡，诚亡国灭种之根基。"习近平总书记深刻指出："在历史的长河中，那些帝国的崩溃、王朝的覆灭、执政党的下台，无不与其当政者不立德、不修德、不践德有关，无不与其当权者作风不正、腐败盛行、丧失人心有关。""人而无德，行之不远。没有良好的道德品质和思想修养，即使有丰富的知识、高深的学问，也难成大器。"（《之江新语》）2015年1月，习近平总书记在同中央党校第一期县委书记研修班学员座谈时，提醒县委书记们要注意道德操守，道德上失足有时比某些工作失误杀伤力还要大。同样是2015年，习近平总书记在全国党校工作会议上发表重要讲话，指出："有德有才是正品，有德无才是次品，无德无才是废品，无德有才是毒品。"以形象生动的话语强调了领导干部为政以德的重要性。中国自古以来就有"以吏为师"的习惯，官德不彰，民风难淳，官员的道德高度往往影响着整个社会的道德高度，进而影响到人心向背，影响到事业的兴衰成败。

那么，领导干部如何提高政德水平？这是一个系统工程，需要领导干部自身、社会等各个方面共同努力。其中一个重要方面就是立足于已有的文化传统和道德资源，从中汲取养分。习近平总书记多次强调，要继承和弘扬中华优秀传统文化和传统美德，指出：在确立人类社会普遍的道德规范方面，中华文化有其优长之处。2014 年 2 月，习近平总书记在十八届中央政治局第十三次集体学习时的讲话中指出："中华传统美德是中华文化精髓，蕴含着丰富的思想道德资源。不忘本来才能开辟未来，善于继承才能更好创新。"强调了从中华优秀传统美德中汲取道德滋养的重要性。

## 二、儒家修身思想的丰富内涵及当代价值

儒家文化是中国传统文化的重要内容，极大地影响了中华民族的文化心理结构和中国人的为人处世方式。儒家特别重视修身，这是它的一大特点。修身就是修德，指道德上的自我修养和人格上的自我完善。儒家的经典著作《礼记·大学》有言："自天子以至于庶人，壹是皆以修身为本。"从最高统治者到普通老百姓，都要把修身作为根本。所谓修身齐家治国平天下，良好的道德修养是家齐、国治、天下太平的基础。梁启超先生说，儒家一切学问，专以"研究人之所以为人者"为其范围。儒家舍人生哲学外无学问，舍人格主义外无人生哲学也。冯友兰先生也说过，基督教文化重的是天，讲的是"天学"；佛教讲的大部分是人死后的事，如地狱、轮回等，这是"鬼学"，讲的是鬼；中国的文化讲的是"人学"，着重的是人。中国哲学的特点就是发挥人学，着重讲人。无论中外古今，无论哪家的哲学，归根到底都要讲到人。不过中国的哲学特别突

出地讲人。它主要讲的是人有与天地参的地位，怎样做人才无愧于这个崇高的地位。人在宇宙中能与天地参，就是上顶天，下立地，每个人都是顶天立地的人。钱穆先生亦言："中国文化之最重要、最特殊处，乃在其能看重学做人，在其能看出人的理想和境界，可以日新月异地上进。……在我们内心境界上，有一个天天上达、欲罢不能之境，这始是中国文化中独有的学问和独有的精神。"可以说，儒家文化一下子触及了"做人"这一终极目的，在这个世界上，还有什么比做一个道德高尚的人更重要的呢？经济发展、社会进步的最终目的就是落脚在人上，培育和塑造人，提高人的素质，促进人的全面发展，让社会更加文明和谐，让人们生活得更加幸福等。这应是文化的出发点和落脚点，是最高理想和神圣使命。

那么，儒家修身要实现一个什么样的价值目标，或者说要达到什么样的境界？修身的目标是成就理想人格。君子人格有些什么要求？大体来讲，古人的要求是"内圣外王"，这是中国传统的理想人格标准。"内圣"即自我修养、自我完善，"外王"就是建功立业。

先看"内圣"。怎样才算得上"内圣"？古人说法不一。汉代董仲舒提出："夫仁、谊（义）、礼、知（智）、信五常之道，王者所当修饬也。"（《汉书·董仲舒传》）这五个方面是王者或统治者应该修炼的、具备的道德规范。管子提出："国有四维……一曰礼，二曰义，三曰廉，四曰耻。""四维不张，国乃灭亡。"（《管子·牧民》）还有其他诸多说法。其中，仁、义、廉作为政德修养的重要内容，尤其重要。

**（一）崇仁，是修身的情感基础**

何谓仁？仁者，爱人。《论语》："樊迟问仁。子曰：'爱人。'"《孟子·离娄下》也提到"仁者爱人"。仁爱是世间最重要的情感之一。而儒家所讲的爱人先从爱自己的亲人做起，孝敬父母，爱护兄弟姐妹。"有子曰：其为人也孝弟，而好犯上者，鲜矣；不好犯上，而好作乱者，未之有也。君子务本，本立而道生。孝弟也者，其为仁之本与！"（《论语·学而》）孝就是孝敬父母，弟（悌）原意是爱兄长，扩展一下，就是爱兄弟姐妹。孝悌是为仁之本，把这个做好了，再向外推广，这是符合人性的。血缘亲情怎么能漠视呢？如果连自己的亲人都不爱，还会爱谁呢？这是一个根本。孟子也有相似的论述，"于所厚者薄，无所不薄也"，这是对孔子孝亲思想的诠释。

当然，对亲人的爱绝不是溺爱、纵容、迁就，更不是容忍恶行、姑息养奸；而是严格管教，严格要求，这才是真正的爱。曾子曰："君子之爱人也以德，细人之爱人也以姑息。"（《礼记·檀弓上》）司马光在《家范》中强调做父母的要学会怎样才是真正地爱孩子："为人母者，不患不慈，患于知爱而不知教也。古人有言曰：'慈母败子。'爱而不教，使沦于不肖，陷于大恶，入于刑辟，归于乱亡。"做母亲的，不担心不慈爱，担心的是懂得慈爱却不懂得教育。古人说：慈母往往出败子。过分宠爱而不加教育，就会使儿女们没有良好的品行，甚至使儿女们不忠不孝、无法无天，到头来身陷囹圄，走向灭亡。联想现实生活，负面的案例并不鲜见。国家现在特别重视家庭教育，习近平总书记指出："家风家教是一个家庭最宝贵的财富，是留给子孙后代最好的遗产。……党员、干部特别是领导干部要清白做人、勤俭齐家、干净做事、廉洁从政，管好自己和家人，涵养新时代共产党人的良好家风。"

当然，仅仅爱自己的亲人远远不够，还应该推己及人，怀有一颗宽厚仁慈、与人为善之心。对他人最好的爱是尊重与理解，孔子曾说，"己所不欲，勿施于人"，这是一种设身处地的换位思考，已经被视为处理人际关系的道德金律。更高一级的要求是"己欲立而立人，己欲达而达

人"。自己想要立起来也要帮助别人立起来，自己想要事事行得通，同时也使别人行得通。要想获得别人的爱与尊重，首先要付出自己的爱与尊重，只想获得不想付出，单向的爱不会长久，就像孟子所言，"爱人者人恒爱之，敬人者人恒敬之"。

从执政者的角度讲，"仁"体现为施仁政，行德治，爱民、亲民、重民。《尚书》记载，"民惟邦本，本固邦宁"；"天视自我民视，天听自我民听"。上天所看到的源于民众所看到的，上天所听到的源于民众所听到的，强调民意即天意，要多倾听民声、关注民意，用现在的话说就是，要热爱人民、服务人民。全心全意为人民服务是我们党的根本宗旨。习近平总书记说："我们要坚持把人民群众的小事当作自己的大事，从人民群众关心的事情做起，从让人民群众满意的事情做起，带领人民不断创造美好生活！""一个党员干部只要心里装着群众，真心实意地为人民群众做好事、办实事、解难事，人民群众就惦记他、信任他、支持他。""离开了人民，我们将一无所有、一事无成；背离了人民的利益，我们这些公仆就会被历史所淘汰。"这些论述可谓掷地有声，让人警醒。这就是领导干部要守的公德。

**（二）尚义，是修身的价值准则**

何谓义？"义者，宜也。"（《礼记·中庸》）即按照伦理道德规范的要求，做应该做的事，按现在的话说就是按照正确的价值观要求做正确的事情。在"义"的层面，人会经常面临一些选择。

当义与利相连时，要重义轻利。孔子曾说："放于利而行，多怨。""君子喻于义，小人喻于利。"（《论语·里仁》）。孟子也有振聋发聩的提醒："上下交征利而国危矣！"当然孔子、孟子并不是一味地否定利，而是考虑利是不是通过正当途径得来的。孔子云："富与贵，是人之所欲也；不以其道得之，不处也。贫与贱，是人之所恶也；不以其道得之，不去也。"（《论语·里仁》）富有显贵，是人人都想得到的；如果不是用正当的手段获得，君子是不会接受的。贫困与低贱，是人人所厌恶的；如果不用正当的方法摆脱，君子不愿意违离其中。孔子强调"见利思义"，即在利益面前必须考虑是否应该获取，其标准就是这个利益是否符合道义，合则取，不合则舍，绝不能见利忘义，正所谓"义然后取，人不厌其取"。

当义与勇相连时，要见义勇为。孔子曰："见义不为，无勇也。"（《论语·为政》）该出手时不出手，就是缺乏勇气的表现。当义跟生命冲突时，要舍生取义。孔子说："勇者不惧。"（《论语·子罕》）"志士仁人，无求生以害仁，有杀身以成仁。"（《论语·卫灵公》）这掷地有声的话语影响了后世多少志士仁人、英雄豪杰。他们为了民族独立、国家富强、人民幸福，抛头颅洒热血，慷慨赴义。义其实就是理想、信念、信仰。所谓信仰，就是一旦认准了，就要义无反顾地去追求，不谈任何条件，即使牺牲生命也在所不惜。

习近平总书记指出："理想信念是中国共产党人的精神支柱和政治灵魂，也是保持党的团结统一的思想基础。""党员干部有了坚定理想信念，才能经得住各种考验，走得稳、走得远；没有理想信念，或者理想信念不坚定，就经不起风吹浪打，关键时刻就会私心杂念丛生，甚至临阵脱逃。""理想信念坚定，是好干部第一位的标准，是不是好干部首先看这一条。如果理想信念不坚定，不相信马克思主义，不相信中国特色社会主义，政治上不合格，经不起风浪，这样的干部能耐再大也不是我们党需要的好干部。"这就是领导干部要明的大德。

### （三）崇廉，是修身的价值体现

"廉洁"一词，最早出现在战国时期伟大诗人、政治家屈原的《楚辞·招魂》中："朕幼清以廉洁兮，身服义而未沫。"意思是，我年幼时秉持清廉的德行，献身于道义而未曾有懈怠。东汉王逸注解道："不受曰廉，不污曰洁。"即不接受他人馈赠的影响公务执行的钱财礼物为廉，不让自己清白的人品受到玷污为洁。

在中国历史上，关于清官廉吏的故事比比皆是。《史记·循吏列传》记载了春秋时期鲁国宰相公仪休拒鱼的故事：公仪休喜欢吃鱼，有人投其所好给他送鱼，公孙仪不收。他的弟子问他：您不是很喜欢吃鱼吗？给您送鱼，您为什么不接受？公孙仪说：正因为我爱吃鱼，所以才不收人家的鱼。如果我收了人家的鱼，就要按人家的意愿办事，就难免要犯法；如果我犯了法，就成了罪人，就不能靠自己的俸禄吃鱼；不收别人的鱼，拥有自己的职位，就能够长久地靠自己的俸禄买鱼吃了。这一则朴实的故事蕴含着耐人寻味的深刻道理。

东汉杨震"四知"的故事广为流传。《后汉书·杨震列传》记载："……当之郡，道经昌邑，故所举荆州茂才王密为昌邑令，谒见，至夜怀金十斤以遗震。震曰：'故人知君，君不知故人，何也？'密曰：'暮夜无知者。'震曰：'天知，神知，我知，子知。何谓无知！'密愧而出。"在这段记载的后面，是关于杨震的另一则故事，杨震"性公廉，不受私谒。子孙常蔬食步行，故旧长者或欲令为开产业。震不肯，曰：'使后世称为清白吏子孙，以此遗之，不亦厚乎？'"是说杨震为官清廉公正，不接受私人请托、谒见。他的子孙和平民百姓一样，生活简朴。有朋友建议他为子孙购置产业，杨震不肯，他说：让后世的人们称他们是清官的子孙，我把这个留给他们，不是也很丰厚吗？"清白吏子孙"短短五个字，力透纸背，一千多年以后，依然给人们巨大的震撼，这是廉政教育很好的案例。千万不要让一时的贪欲毁了一世乃至几世的清名，所谓不义之财，不过是过眼云烟罢了，好的名声千古流芳乃至万世流芳。习近平总书记强调，廉洁自律是共产党人为官从政的底线。君子之交淡如水。马克思曾经说过，不可收买是最高的政治品德。其实，这是最基本的为官之德，也是领导干部要严的私德。

### 三、从儒家修身思想中汲取政德滋养

习近平总书记在 2021 年秋季学期中央党校（国家行政学院）中青年干部培训班开班式上发表重要讲话，强调了修身的重要："严以修身，才能严以律己。……我们共产党人为的是大公、守的是大义、求的是大我，更要正心明道、怀德自重，始终把党和人民放在心中最高位置，做一个一心为公、一身正气、一尘不染的人。"习近平总书记的重要讲话为领导干部加强政德建设指明了方向。

第一，要以学修身。习近平总书记指出："我们党依靠学习创造了历史，更要依靠学习走向未来。""党的历史经验和现实发展都告诉我们，没有全党大学习，没有干部大培训，就没有事业大发展。"习近平总书记曾引用联合国教科文组织埃德加·富尔先生的话说明不断学习的重要："未来的文盲，不再是不识字的人，而是没有学会怎样学习的人。"现代人才学中有一个理论叫作"蓄电池理论"，认为人的一生只充一次电的时代已经过去，只有成为一块高效蓄电池，进行不间断地、持续地充电，才能不间断地、持续地释放能量。一个人是这样，一个国家、一个社会、一个政党也是这样。习近平总书记身体力行，是我们读书学习的楷模。2013 年 5 月 4 日，习近平总书记同各界优秀青年代表座谈时说："我到农

村插队后，给自己定了一个座右铭，先从修身开始。一物不知，深以为耻，便求知若渴。上山放羊，我揣着书，把羊拴到山崖上，就开始看书。锄地到田头，开始休息一会儿时，我就拿出新华字典记一个字的多种含义，一点一滴积累。"习近平总书记在读书学习方面为我们做出了榜样，值得我们每一个人好好学习。

那么，领导干部应该读什么样的书？习近平总书记认为，领导干部普遍应当读三个方面的书籍：当代中国马克思主义理论著作；做好领导工作必需的各种知识书籍；古今中外优秀传统文化书籍。关于传统文化，国学大师钱穆曾经推荐了九本国学书，认为它们代表中国最基本的思想文化，分别是《论语》《孟子》《大学》《中庸》《老子》《庄子》《六祖坛经》《近思录》《传习录》。钱穆先生推荐的这些书籍确实是中华文化的经典，作为中国人应该认真系统地读一读，对为人处世、修身养性大有裨益。

第二，要从传统修身思想中汲取营养。首先，修身要自我努力，自我克制，自我反省。孔子曰："为仁由己，而由人乎哉？"（《论语·颜渊》）内因是根据，外因是条件，要充分发挥主观能动性。屈原有言："何昔日之芳草兮，今直为此萧艾也；岂其有他故兮，莫好修之害也。"（《离骚》）也是强调内因的重要性。为此古人特别强调自我的作用："永言配命，自求多福。"（《诗·大雅·文王》）"祸福无不自己求之者。"（《孟子·公孙丑上》）"祸福无门，唯人所召。"（《左传·襄公二十三年》）"天作孽，犹可违；自作孽，不可逭。"（《尚书·太甲》）如果自己不努力，外在的耳提面命，作用有限。

修身是一个无止境的漫长过程，在人生的每一个阶段都有应该注意克服的问题。孔子说："君子有三戒：少之时，血气未定，戒之在色；及其壮也，血气方刚，戒之在斗；及其老也，血气既衰，戒之在得。"（《论语·季氏》）年轻时，欲望强一些，儿女情长多一些，易沉湎女色不能自拔；壮年以后，血气方刚，争强好胜，容易引起争斗；年老了，容易产生居功自傲心理，躺在功劳簿上倚老卖老。"得"字的内涵非常复杂，可以是得意、自得之意，如得意洋洋、志得意满、洋洋自得；也可以是获取、占有利益之意，如得来全不费功夫、近水楼台先得月、非法所得等。当一个人贪"得"无厌时，就有可能"得"不偿失，悔之莫及。习近平同志曾引用老子的话提醒领导干部要"慎得"："祸莫大于不知足，咎莫大于欲得。故知足之足，常足矣。"最大的祸害莫过于不知足，最大的危害莫过于贪得无厌。所以以知足为满足的人，永远是满足的。习近平同志反复强调，领导干部"千万不要既想当官又想发财"，绝不能私欲膨胀、以权谋私，最终"不仅毁了自己、害了家人，而且给党的事业带来很大损害"。古人云："靡不有初，鲜克有终。"其实人往往一开始想得挺好，信誓旦旦，摩拳擦掌，有理想、有志向、有抱负、有决心，对腐败分子充满鄙视，立志纤尘不染，但往往走着走着就变了，当初那个一身正气、满腔热情的人到哪里去了？回头看一下不免吓一跳，自己都有点不认识自己了。所以，一定要善始善终，这非常重要。《老子》说："慎终如始，则无败事。"

修身要持之以恒，永不放弃。立志修身贵在坚守，贵在持之以恒，锲而不舍。《尚书·说命》曰："非知之艰，行之惟艰。"一旦确立了目标，就要马上行动起来，正所谓"道虽迩，不行不至；事虽小，不为不成"。

曾国藩在持之以恒方面值得后人学习。他除了每天记日记，还"每日临帖百字，钞书百字，看书少亦须满二十页，多则不论。自七月起至今，已看过《王荆公文集》百卷、《归震川文集》四十卷、《诗经大全》二十卷、《后汉书》百卷，皆朱笔加圈批。虽极忙，亦须了本日功课，不以昨日耽搁而今日补做，不以明日有事而今日预做"（《曾国藩家书》）。

为自己规定了任务，就必须坚定不移地完成。

第三，要营造良好的环境，形成和谐的氛围。风气、环境十分重要。宋代大文豪苏轼说："爱惜风俗，如护元气。"风俗有美恶、好坏之分。一旦社会达到了"风俗美"，道德水准不高的人可能也会"见贤思齐"。孔子曾说："德不孤，必有邻。"（《论语·里仁》）其实没有天生就坏、就腐败的干部，相反，他们都是千挑万选出来的，经过千锤百炼，素质高、修养好、能力强，能吃苦，想干事。

可是为什么我们选的干部开始的时候很优秀，后来有些却成了腐败分子？追寻那些出事官员的轨迹，可以发现一个共同点：一开始洁身自好，慢慢随波逐流，慢慢地习以为常，逐渐乐在其中，甚至推波助澜。营造风清气正的政治生态环境非常重要。习近平总书记高度重视政治生态，强调："自然生态要山清水秀，政治生态也要山清水秀。""要着力净化政治生态，营造廉洁从政良好环境。"同时要把握好选人用人这一风向标，发挥好导向作用："各级党组织要加强对党员干部的教育、管理、监督，用好选人用人考德这根杠杆，引导党员干部堂堂正正做人、老老实实干事、清清白白为官。"

要在全社会营造良好的道德、法治环境，否则，良好的政治生态也不会持久。2015年1月，习近平总书记在同中央党校第一期县委书记研修班学员座谈时，提醒手中掌握着权力的县委书记们："各种诱惑、算计都冲着你来，各种讨好、捧杀都对着你去，往往会成为'围猎'的对象。"越是这样，越需要坚强的意志，把持得住，有定力。另外，至关重要的是，我们每个人都应以实际行动、以我们良好的工作作风，扭转、助推社会风气转化。

第四，强化法律、制度建设，加大监督惩戒力度。道德和价值观的形成，除了靠观念教化，还必须建立健全相关法律，完善制度，建立相应的惩戒机制，促使人们趋善避恶，养成良好的道德习惯。2013 年 2 月，习近平总书记在十八届中央政治局第四次集体学习时的讲话中指出："要坚持依法治国和以德治国相结合，把法治建设和道德建设紧密结合起来，把他律和自律紧密结合起来，做到法治和德治相辅相成、相互促进。"2016 年 12 月，他在十八届中央政治局第三十七次集体学习时的讲话中指出："要运用法治手段解决道德领域突出问题。法律是底线的道德，也是道德的保障。""法令既行，纪律自正，则无不治之国，无不化之民。"（《摆脱贫困·从政杂谈》）如果没有完善的制度，不把权力关进制度的笼子里，好人也有可能变成坏人。有了制度，还要严格执行，加大执法力度，对失德、败德者进行惩戒约束，对违法犯罪者进行严厉打击，让他们为失德行为付出高昂代价，以促进良好风气的形成。

当然，再严的法律和制度也是由人来执行的，所以归根结底还是要提高人的素质和自觉意识，二者相辅相成，缺一不可。2014 年 5 月，习近平总书记在同中央办公厅各单位班子成员和干部职工代表座谈时的讲话中指出："一个人能否廉洁自律，最大的诱惑是自己，最难战胜的敌人也是自己。一个人战胜不了自己，制度设计得再缜密，也会'法令滋彰，盗贼多有'。"

面对纷繁复杂的社会现实，党员干部特别是领导干部必须把加强道德修养作为十分重要的人生必修课，自觉从中华优秀传统文化中汲取营养，老老实实向人民群众学习，时时处处见贤思齐，以严格的标准加强自律、接受他律，努力以道德的力量、自身的才能去赢得人心、获得成就。只要我们一代接着一代追求美好崇高的道德境界，我们的民族便永远充满希望。

# 儒学修养论中的党性修养借鉴

扈书乘

谈到共产党员的党性修养问题，很多人都会想到一部经典文献——《论共产党员的修养》。这是刘少奇同志 1939 年在马克思列宁学院的演讲，之后经过整理公开发表。在这部著作中，刘少奇同志全面阐述了共产党员在理想信念、思想理论、道德品质、组织观念、工作作风等方面的修养问题，这是中国共产党历史上第一次系统论述共产党员修养的著作。这部著作被誉为一部培养合格的成熟的共产党员的教科书。

在这部著作中，刘少奇同志引用了很多儒家文化中的修养智慧。比如，他引用孔子的"吾十有五而志于学，三十而立，四十而不惑，五十而知天命，六十而耳顺，七十而从心所欲，不逾矩"，阐释修养不是天生的，而是在不断学习、点滴积累中养成的；引用孟子的"必先苦其心志，劳其筋骨，饿其体肤，空乏其身，行拂乱其所为，所以动心忍性，曾益其所不能"，阐释越是担当大任的人，越需要经过艰苦锻炼；引用孟子所说"人皆可以为尧舜"，激励党员自觉提高修养的信心和勇气；引用曾子所说"吾日三省吾身"，阐释自我反省的问题；引用《诗经》中的"如切如磋，如琢如磨"，劝勉党员互相帮助、互相批评；引用"将心比心"，即儒家的恕道理念，启发党员设身处地为别人着想，体贴别人；引用孟子所说"富贵不能淫，贫贱不能移，威武不能屈"的大丈夫人格，激励共产党员要有革命意志和革命气节；引用"慎独"理念，提醒党员即使在个人独立工作、无人监督、有做各种坏事可能的时候，也不做任何坏事；引用孔子"杀身以成仁"、孟子"舍生而取义"的主张，激发党员为共产主义事业牺牲奉献的精神和志向节操。

刘少奇同志的这些论述启发我们，儒家文化中蕴含着丰富的人格理想、修养智慧。那么，我们是否可以把这些修养智慧进行系统梳理，看一看对加强党性修养有什么样的启示和借鉴呢？

围绕这个主题，我们谈三个问题：儒家文化的内容、儒学修养论的基本理路、对加强党性修养的启示和借鉴。

## 一、儒家文化的内容

要把握儒学修养论的基本精神，有必要先了解一下儒家文化的内容体系及修养论在其中的地位。

儒家文化的内容十分丰富，可以大致概括为四个方面。

### （一）儒学修养论

我们知道，人出生后首先是一个生物性的存在。但儒家告诉我们，人不能够只满足成为一个生物性的存在。相较其他生物而言，人的社会性具有独特的内涵。这个社会性，古人称之为"群"。所谓社会性，就是人生而处于各种不同的关系之中，这些不同的关系，儒家称之为"人伦"。不同的关系有不同的相处之道，儒家称之为"伦理"。每个人在不同的关系中，都有自己不同的身份角色，叫作"位"。不同角色有相应

不同的应然表现，叫作"德"。人要实现安身立命，人与人之间要实现和谐相处，就要不断地把准自己在各种关系中的位置，做出该有的表现，这就是人的修养，用儒家的话讲就是明伦崇德、修德配位。一个人的人生、事业出问题，可能有很多客观的原因，但在儒家看来，最根本的就是"德不配位"。"德不配位，必有灾殃。"所以，作为一个社会人，每个人都应该担负起修德配位的责任，努力培养自己的理想人格。理想人格在儒家有不同层次的概念，比如大人、君子、仁人、圣人等。树立这样的目标，通过不懈地学习、实践、反省、改善，努力达成。在这个过程中，实现安身立命、修己安人的目标。我们把儒家文化中这方面的思想，称为修养论。

### （二）儒学社会论

所谓社会论，就是儒家文化中关于社会建设的思想。儒家文化关于社会建设的思想十分丰富，概而言之，主要有两个突出的特点。一是主张通过人的自我完善推动社会和谐发展。因此社会论和修养论是紧密相关的。二是提出了一个理想社会的目标——大同社会。这是孔子托古言志提出的一个概念。关于大同社会的内涵特征，后面将作专门阐释，从本质上讲，这是一个和谐有序、人人安顿的理想社会。通过人的不断完善，最终建设一个理想社会，是儒学社会论的突出特色。任何时代的社会建设，都必须综合施策，而人是其中最关键的因素。没有人的全面发展和文明进步，就不可能真正实现社会的全面发展和文明进步。

### （三）儒学教育论

实现人的改善从自身建设的角度讲是修养，从社会管理的角度看是教育。强调道德修养和重视教育，是儒家文化的鲜明特色。孔子是一个伟大的教育家，他基于对人性特点的把握，提出了很多弥足珍贵的教育理念和方法，并终生致力于教育实践。孔子的教育思想主要包括四个方面，大致可以概括为"三全一科学"。

一是全民教育。即人人都应该受教育，教育面前人人平等，用孔子的说法即"有教无类"。在那个等级森严且"学在官府"的时代，孔子鲜明主张教育平等，开创了平民教育的先河，使平民享受到了教育权。仅凭这一点，孔子就永远值得世人敬仰。孔子三千弟子，除了可以确定的个别贵族子弟，绝大多数都是普通百姓。

二是全人教育。全人教育是 20 世纪 70 年代产生于北美，90 年代兴起于美国，继而得到全球很多国家和地区积极响应的教育思潮。这个思潮兴起的背景是，各个国家和地区几乎普遍存在教育形式化、现实化、功利化问题。这一理念对反思和扭转教育忽视人格培养本质功能的偏差，具有重大现实意义。追根溯源，这个理念在孔子那里早已形成，他不仅提出"君子不器"（《论语·为政》）主张，而且明确提出"成人"教育目标。"成人"教育就是全人教育。《论语》中有孔子关于"成人"标准两个层面的具体论述："若臧武仲之知，公绰之不欲，卞庄子之勇，冉求之艺，文之以礼乐，亦可以为成人矣。""见利思义，见危授命，久要不忘平生之言，亦可以为成人矣。"（《论语·宪问》）"成人"教育理念是儒家文化和中华文化的突出特质。有人说，儒学就是人学，中华文化就是德性文化。2018 年，首次在北京召开的第二十四届世界哲学大会，主题确定为"学以成人"，体现的就是中华文化和中国教育源远流长的理性智慧。教育是否成功、社会能否健康发展，从某种意义上说，取决于是否确立了"成人"的目标。早在 20 世纪 20 年代，著名历史学家柳诒徵先生就在《论中国近世之病源》中深刻指出：今日社会国家重要问题，不在信孔子不信孔子，而在成人不成人，凡彼败坏社会国家者，皆不成人者

之所为也。苟欲一反其所为，而建设新社会新国家焉，则必须先使人人知所以为人，而讲明为人之道，莫孔子之教若矣。柳诒徵先生既指出了教育的本质所在，也强调了孔子的思想特色。

三是全科教育。要实现"成人"即全人教育目标，教育的内容就不能是单一的，应该是综合的，而且要特别突出道德的基础性和根本性。《论语》记载，孔子教学分为四科——德行、言语、政事、文学（《论语·先进》）；"子以四教：文、行、忠、信"（《论语·述而》）。孔子说，"弟子入则孝，出则弟，谨而信，泛爱众，而亲仁。行有余力，则以学文"，"志于道，据于德，依于仁，游于艺"，体现的都是这种理念和主张。孔子的教育是以"成人"为目标、系统完善的综合素质教育，德行、智慧、能力三者缺一不可，而且既有理论也有实践。所谓理论，就是被称为"大六艺"的六部经典文献——《诗》《书》《礼》《易》《乐》《春秋》。所谓实践，则是被称为"小六艺"的六种技能——礼、乐、射、御、书、数。这样的教育才能培育出德才兼备的优秀人才。《史记·孔子世家》记载，孔子"弟子盖三千焉，身通六艺者七十有二人"，很多学生都是行业翘楚。

四是科学教育。这是指孔子的教育方法。孔子提出并运用了很多行之有效的教育方法，直到今天，一些方法依然是科学的和先进的。比如因材施教。朱熹《论语集注》说："孔子教人，各因其材。"据《论语》记载，不同的学生向孔子请教同样的问题，比如"问仁""问孝""问政"，孔子的回答都不一样。在他那里，任何一个问题都没有所谓标准答案，他总是根据每个人的情况，给出针对性的回答或建议。《论语·先进》记载的一则事充分显现了孔子因材施教的教育方法。子路问："闻斯行诸？"孔子回答说不可以，"有父兄在，如之何其闻斯行之？"冉有问："闻斯行诸?"孔子回答当然可以，"闻斯行之"。另一个学生公西华听到后甚感困惑，请教老师为什么两人所问相同而回答迥异。孔子回答说："求也退，故进之；由也兼人，故退之。"将因材施教的方法体现得淋漓尽致。但能因材施教，人人皆可成才。又如循循善诱，即启发式教学。《论语·子罕》记载，颜回谈到跟随孔子学习的感受时说："夫子循循然善诱人，博我以文，约我以礼，欲罢不能。"可见这个方法的效果。孔子之所以能够笃行循循善诱的方法，是因为他发现一个真相，一个人成长进步的根本动力来自内在的自觉。循循善诱的目的就在于启发这种自觉。现代教育心理学可以充分证明循循善诱的科学性。再如身教为先。《论语·子路》记载，孔子说："其身正，不令而行；其身不正，虽令不从。"孔子这句话的本意虽是强调为政者的示范作用，却也深刻指出了有效教育的关键所在。正如南朝宋史学家范晔《后汉书·第五伦传》在引用这句话后说："以身教者从，以言教者讼。"教育当然需要言教，但如果没有身教的配合，效果一定会大打折扣甚至适得其反。孔子的教育之所以成功，一个很重要的原因就是他重视身教。前人曾概括《礼记·学记》的精神："亲其师，信其道；尊其师，奉其教；敬其师，效其行。"这个规律在孔子的教学中得到了充分验证。此外，孔子的教育方法还有对话互动、情景体验等，同样都被现代教育证实为科学有效。

### （四）儒学政治论

儒家深刻洞察到教育对人的发展和社会建设具有无可替代的重要作用，所以特别重视教育。但他们并不认为单靠教育就能解决一切问题，因为人的生物性特点会让人有欲望和缺点，社会运行也有其复杂性，所以除了教育还必须进行有效有力的管理。这些管理就是政治。孔子不仅是一个伟大的教育家，同时是一个伟大的政治家。他的很多政治思想至

今依然闪耀着理性光辉，比如对政治本质的准确定位，换言之，对"何为政治"的回答。

关于这个问题，不同政治家强调的重点不同。比如孙中山说："政就是众人之事，治就是管理，管理众人之事，就是政治。"毛泽东则说："所谓政治，就是把拥护我们的人搞得多多的，把反对我们的人搞得少少的。"孔子的答案则是"政者，正也"。单凭这四个字，孔子就可以称得上是古今中外最优秀的政治家之一。"政者，正也"至少包含两层含义。一是以正治国，治国必须遵循治国之道，采用正当的手段和方法，不能搞歪门邪道。二是以身行正，为政者要以德治国、率先垂范。这样的理性认知不仅为政治沿着正确的方向和路径发展奠定了坚实基础，也会促进良好政风世风的形成，推动社会健康发展。"子帅以正，孰敢不正。"孔子还说，"为政以德，譬如北辰，居其所而众星共之"；"君子之德风，小人之德草，草上之风必偃"，体现的都是这个思想。

又如对政治目的的明确表达。换言之，对于为什么从政、当官是干什么，儒家的观点十分鲜明。"君子之仕也，行其义也。""德惟善政，政在养民。"笃行道义、造福百姓是儒家一贯主张的为政目的。这和我们今天所讲的全心全意为人民服务、坚持以人民为中心的发展思想本质相通、一脉相承。前些年，有落马官员忏悔时自我披露，居然曾经奉行"当官不发财，请我都不来"的为政思想。儒家之所以有如此清醒和理性的认知，归根到底是因为忠实继承了中华文化中源远流长的民本思想，深知"民惟邦本，本固邦宁"的深刻道理。

再如对治理举措的系统设计。《论语·子路》记载，孔子明确提出"庶富教"的治理思想。庶，本意是人口众多，引申为社会建设。富，富有，经济建设。教，教育，文化教育。三者缺一不可。这是一个系统、全面、协调的发展理念，充分体现于儒家原典之中。基于教育对人与社会健康发展的重要性，特别是在春秋战国时期那样一个礼崩乐坏、"上下交征利"的时代，孔子、孟子都尤为强调教育，正如《礼记·学记》所说："建国君民，教学为先。"这使得重视教育成为儒家文化的突出特色。

孔子系统务本的为政主张在《孔子家语·刑政》中还有一次集中体现："圣人之治化也，必刑政相参焉。太上以德教民，而以礼齐之，其次以政焉导民，以刑禁之，刑不刑也。化之弗变，导之弗从，伤义以败俗，于是乎用刑矣。"这个主张被很多人概括为"德主刑辅"。这确实是儒家关于治国理政的重要主张，但这段话的内涵远没有这么简单，其中还包含着"礼""政"主张。"礼"即礼法，可以理解为今天的制度规范、制度建设。"政"是行政举措、行政手段。所以，孔子这个主张应准确地概括为德治礼序、刑政相参。可见，孔子不仅有社会、经济、文化协调发展的思想，也有重点突出、系统务本、智慧融通的制度设计，还有对用人标准的理性认知。

基于上述政治主张，儒家对为政者的素质提出了明确标准，概括起来就是德才兼备、以德为先。一个优秀的官员必须具备良好的道德和为政能力，有德无能、有能无德都无法担负治国理政、济世安民的责任。儒家在强调"德才兼备"的同时，特别突出"以德为先"。孔子、孟子都有深刻论述。《论语·颜渊》载，孔子说："举直错诸枉，能使枉者直。"《孟子·离娄上》载，孟子说："惟仁者宜在高位，不仁而在高位，是播其恶于众也。"北宋司马光在《资治通鉴》中指出："才者，德之资也；德者，才之帅也。""为政之要，惟在得人"（《贞观政要》），人选对了，才能有效落实儒家所倡导的以正为基、以民为本、系统务本的为政举措，实现经纶济世的目的。

综上所述的儒学四论构成了儒家文化的完整思想体系，贯穿其中的一个根本理念与核心精神即通过人的发展完善实现社会和谐发展。换言之，修养论是儒家文化的基石，集中承载着其根本理念与核心精神。这个核心精神用孔子的话说就是"修己安人"。在他看来，有这种价值追求和责任担当的人，才称得上君子。《论语·宪问》记载，子路曾请教孔子何为君子，孔子回答说"修己以敬""修己以安人""修己以安百姓"。加强自身修养，使周围的人安乐，使所有百姓安乐，这就是儒家的情怀、志向与担当。

这个理念用《大学》中的说法就是"修身齐家治国平天下"。在这个过程中，可以实现人格的成长，完成从自然人到社会人，即理想人格的转变。努力自修实现这个转变，是人之为人不可推卸的责任，这个过程就是人生的正道，正如《孟子·尽心下》所说："仁也者，人也。合而言之，道也。"这样一个在修己安人中不断实现成长的过程，就是儒家弥足珍贵的"大学之道"。所以，"大学"在中华文化视域下，并非读书学习的所在，而是修养境界的提升，"大学"就是"学大"。

孙中山曾说，中国古时有很好的政治哲学。我们以为欧美的国家近来很进步，但是说到他们的新文化，还不如我们政治哲学的完全。中国有一段最有系统的政治哲学，在外国的大政治家还没有见到，还没有说到那样清楚的，就是《大学》中所说的"格物、致知、诚意、正心、修身、齐家、治国、平天下"那一段的话。把一个人从内发扬到外，由一个人的内部做起，推到平天下止。像这样精微开展的理论，无论外国什么政治哲学家都没有见到，都没有说出，这就是我们政治哲学的知识中独有的宝贝，是应该要保存的。孙中山先生是睁眼看世界的人，推崇西方近代文明，但他也非常敏锐地抓住了中国传统文化中精华的部分。

那么，这样一个"大学之道"是如何展开的？或者说，儒学修养论的内在逻辑是什么，儒家倡导的理想人格是如何实现的？

## 二、儒学修养论的基本理路

这个基本理路大致可以概括为五个方面。

### （一）树立高尚目标

这个目标，儒家称之为"仁"。"仁"的内涵十分丰富，至少可以从两个维度概括理解。一是自修，即修己，从这个角度讲，"仁"就是人的理想人格即仁德；二是安人，即对人的安顿，从这个角度看，"仁"就是人和人的适当关系。所谓适当关系，是指人与人之间的关系千差万别，每一种关系都有应然的状态，只有按照应然的状态相处，人与人之间才会和谐。而能按照应然的状态去相处，就需要相应的认知和修养，所以修己与安人是紧密相关的。

如何实现修己安人？在儒家看来，方法路径只有一个，那就是爱人。只有爱人，才能体现和提升一个人的修养，只有爱人，才能够实现人与人和谐相处。所以，爱就是"仁"最为核心的精神。《论语·颜渊》记载"樊迟问仁"，孔子回答："爱人。""仁者爱人"几乎可以说是"仁"的标准答案。这个爱有一个前提，就是真诚。虚情假意不是爱，不仅无助于修养的提高，反而是修养不足的表现。《中庸》说："诚者天之道也，诚之者人之道也。"《孟子·离娄上》说："诚者天之道也，思诚者人之道也。"揭示的都是真诚之于践行正道、修己安人的重要性。所以，儒家的"仁"从本质上说就是真诚爱人。

那么，这个真诚之爱应该从哪里开始呢？《礼记·祭义》："立爱自亲始。"这里的"亲"是狭义的概念，指父母。培养真诚爱人之心，应先从

爱父母开始。其中的道理，孔子在《孝经》中论述得十分透彻："夫孝，德之本也，教之所由生也。""故不爱其亲而爱他人者，谓之悖德；不敬其亲而敬他人者，谓之悖礼。"这个道理十分浅显，如果一个人不爱自己的父母而爱别人，不敬自己的父母而敬别人，这就违背了常德常礼（理）。这个道理用我们更加熟悉的说法说就是"百善孝为先"。"百善孝为先"出自清朝学者王永彬的《围炉夜话》。他说："常存仁孝心，则天下凡不可为者，皆不忍为，所以孝居百行之先。"这个论述十分深刻。"百善孝为先"不仅仅是简单陈述爱人和德行的顺序，更阐明了一个深刻道理，一个人只有笃行孝道，才能培养良好的道德品质。所以，孝道对培养人的社会公德、职业道德、家庭美德，对促进社会文明进步，至关重要。中华文化重视孝道培养，可谓大有深意。

践行孝道，才可以使父母安乐。巩固这个修养的根基，儒家认为，要不断提升人格境界、实现修己安人，还必须要把这样一种真诚之爱由亲及疏、由近及远地推广扩充，既要爱亲人，也要爱大众，既要爱人，也要爱物。这就是《孟子·尽心上》中的"亲亲而仁民，仁民而爱物"。"亲亲"是一个动宾结构，第一个"亲"是动词，即爱，第二个"亲"是名词，即亲人。"亲亲"就是爱亲人，这样才可以实现家人安乐与家庭和谐。在此基础上，"老吾老以及人之老，幼吾幼以及人之幼"，把真诚之爱以同情同理之心推至大众。"民"就是他人、民众。这样，才可以力所能及地使大众安乐，实现人与人的和谐相处。我们注意到，同样都是爱，孟子却用了两个不同的字——"亲""仁"。这是因为人与人之间的关系不同，爱的期许和表达自然不会一样。亲人是有血缘的人，这种爱是深刻的——亲爱。而"我"与大众的关系千差万别，爱是有差别的，"仁"就是有差别的爱。有人批评儒家倡导的这种爱不够高尚，主张平等之爱。

"爱无差等"确实高尚，但事实上是做不到的。中国传统文化中也有提倡平等之爱的，这就是墨家。墨家所谓"兼相爱"，事实上根本无法做到，也会带来很多问题，所以孟子批评说"墨氏兼爱，是无父也"。儒家倡导的是基于人性特点和需求的理性之爱，认为只有这样的爱才可以落实。

儒家的"爱物"思想主要体现在两个方面。一是节约物用。《史记·孔子世家》记载，齐景公曾问政于孔子，孔子明确回答"政在节财"。《论语·学而》："道千乘之国，敬事而信，节用而爱人，使民以时。"《论语·先进》记载，"鲁人为长府"，闵子骞反对说："仍旧贯，如之何？何必改作？"孔子闻知后对他大加赞赏："夫人不言，言必有中。"这些记载都体现了孔子和儒家的节财节用思想。二是爱护生态。《论语·述而》："子钓而不纲，弋不射宿。"习近平总书记曾引用过这句话，还指出"我们的先人们早就认识到了生态环境的重要性"。《孟子·梁惠王上》："数罟不入洿池，鱼鳖不可胜食也；斧斤以时入山林，材木不可胜用也。"这些记载均体现了朴素的生态文明观。

"亲亲"，爱亲人，亲人安乐、家庭和谐。"仁民"，爱大众，百姓安乐、社会和谐。"爱物"，爱万物，万物安乐、人与自然和谐共生。这就是儒家仁爱精神的培育、推广和升华。其中蕴含的思想智慧历久弥新，对今天我们建设文明和谐美丽的社会与国家，依然有着重要的启示意义。

这里还要特别强调的一点，"亲亲""仁民""爱物"的顺序不可更变，先爱亲人，再爱他人，先爱人，再爱物，否则就会天下大乱，爱不仅不能有效施行，甚至会变成祸害。

"亲亲""仁民""爱物"，合而言之就是博爱。也许有人会提出异议，博爱不是基督教的教义吗？怎么可以用来概括儒家文化？其实，博爱一词在几千多年前的中华文化经典中就已经出现，而且是孔子提出的。《孝

经·三才章》记载，孔子说："先王见教之可以化民也，是故先之以博爱，而民莫遗其亲。"唐朝学者韩愈说："博爱之谓仁。"这个定义十分精准。道德对应爱的付出，付出越多，修养越高，而"仁"是理想人格即完美道德，必然对应爱的普遍付出——博爱。这是人格修养的理想目标，它的价值在于为每一个人的成长指明了方向，带动我们不断成长，表现出越来越多"人应有的样子"。这些"人应有的样子"，在儒家那里就是"礼"，我们把它叫作人格风貌。

### （二）展现人格风貌

儒家"礼"的概念十分宽泛，几乎可以包含维系社会健康运行的一切制度法规、生活礼仪、风俗习惯、道德要求等。但不论以什么样的形式呈现，都不是一些人所理解的那样——是人为制定强加于人的约束，礼是在长期社会生活中自然产生的群体规范和文明成果。随着人类文明的进步，人们逐渐认识到应有什么样的表现，才能彼此和谐相处。随着历史的发展，这些"人应有的样子"就变成了普遍认可、人人都应遵守的规范。礼就产生了。因此，"礼"本质上是基于人格修养和人与人适当关系的群体规范。而人的修养和人与人之间的适当关系，就是前面所说的"仁"。所以"礼"和"仁"永远是一体不二的。《论语·八佾》："人而不仁，如礼何？人而不仁，如乐何？"清楚揭示了二者之间的关系，"仁"是根本，是"礼"存在的依据。《论语·阳货》："礼云礼云，玉帛云乎哉？乐云乐云，钟鼓云乎哉？"进一步明确指出"礼"的重点在于内在的精神而非外在的形式。可以说，这是孔子在旗帜鲜明地反对形式主义。

内在的精神，儒家称之为"礼义"，外在的形式，儒家称之为"礼仪"。有学者研究发现，在中华文化经典文献中，所谈更多的是"礼义"，早在东晋（至晚是唐朝），就已经出现了"礼义之邦"的概念，而"礼仪之邦"一词出现的时间，最早可能在明朝，甚至是清朝。直至民国，"礼仪之邦"渐渐被人们熟知并普遍使用。两个词语，一字之差，强调的重点和价值取向之不同、蕴含文化内涵之丰富程度显而易见。

《论语·八佾》记载，林放曾请教孔子"礼之本"，即"礼"的根本是什么。而孔子的回答对我们把握儒家礼乐思想的精髓，消除千百年来对儒家主张繁文缛节和厚葬的误解，甚至防止和克服形式主义，都颇有启发。孔子首先对这个问题的提出表达赞叹："大哉问！"然后说："礼，与其奢也，宁俭。丧，与其易也，宁戚。""奢"是过分，既指财物上的奢侈浪费，也指做事时的烦琐复杂。"俭"与之相对，意思是节俭、简约。孔子的意思是，所有的"礼"应该奉行一个基本原则：与其奢侈复杂，不如节俭简约。随后孔子又谈到"丧"，即丧礼。我们知道，丧礼是一个特殊的送别仪式。举行丧礼时，更为重要的是向逝者由衷致哀，而非礼仪形式的周备隆重。所以孔子说："与其易也，宁戚。""易"，周备隆重。"戚"，悲戚、哀伤。有此理念，孔子和儒家当然也绝不会像有些人所误解的那样主张厚葬。

对于"礼"，儒家关注的重点向来在内不在外，在内容不在形式。既然如此，礼仪是不是可有可无呢？《论语·八佾》记载，"子贡欲去告朔之饩羊"，孔子反对说："赐也，尔爱其羊，我爱其礼。"告朔是天子于每年季冬（冬季末月，即十二月）把来年历书颁发给诸侯，和诸侯于每月朔日（每月初一）告庙听政之礼。举行告朔礼时要杀一只活羊。子贡建议取消杀羊的环节，从后面孔子的回答看，子贡之所以有此建议，应是因为感觉太浪费，而孔子之所以反对这个建议，则是认为必要的形式不能少。孔子的看法是很深刻的。礼仪与礼义的关系，用哲学的说法就是形式与内容的关系，二者相互依存、不可分割，如果失去了必要的形式，"礼"

127

的精神将无所承载，也无法表达。当然，这绝不是说孔子的思想保守、泥古不化。《论语·子罕》记载，他曾说："麻冕，礼也；今也纯，俭，吾从众。拜下，礼也；今拜乎上，泰也。虽违众，吾从下。"孔子的思想依然是理性而又融通的。

随着时代的变迁，有些"礼"的形式当然可以变化调整，但变与不变必须有一个衡量的标准，即是否有益于内在价值和精神的表达。实践证明合理的形式应该坚持，这样才能做到守正创新。经过孔子的启发，子贡似乎明白了其中的道理。《论语·颜渊》记载，有一个叫棘子成的人曾经问他："君子质而已矣，何以文为？""质"，本质，即内在的修养。"文"，文饰，即外在的言行、礼仪。提出这个问题的用意显然在于否定礼仪形式的必要性。子贡立刻驳斥道："惜乎！夫子之说君子也，驷不及舌。文犹质也，质犹文也，虎豹之鞟犹犬羊之鞟。"子贡所论十分精彩。"犹"即像，"文犹质也，质犹文也"，深刻指出了二者之间既有区别又有联系，是辩证统一相互依存的关系。同时，他用了一个精彩的比方"虎豹之鞟犹犬羊之鞟"，形象地阐明了礼仪形式的必要性。

综上所述，儒家关于"礼"的思想是非常理性融通的，既强调精神价值的根本性，又懂得礼仪形式的必要性。因此，践行礼的精神就要做到内外兼修，做"文质彬彬"的君子，这是孔子为每一个普通人提出的理想人格目标。

然而，我们读《论语》发现，要实现这个目标似乎并不容易。《论语·述而》记载，孔子说："文，莫吾犹人也。躬行君子，则吾未之有得。"这里的"文"是指关于君子修养的书本知识。孔子在世时就被称为圣人、仁人，而君子境界与之相比要低得多，他居然说自己没有做到。虽然我们可以视之为孔子的谦虚，但至少说明要实现这个目标并不容易。

那么，作为普通人，有没有一个提升修养境界的便捷方法可以运用呢？《论语》记载，孔子的学生子贡也提出过一个类似的问题，孔子给出的答案是"恕"。

### （三）把握基本原则

《论语·卫灵公》记载，子贡请教孔子说："有一言而可以终身行之者乎？"孔子回答说："其恕乎！"在孔子看来，恕是值得终生奉行的一字箴言。随后，孔子给"恕"下了八个字的定义："己所不欲，勿施于人。"自己不想要的，也不要强加给别人。可见，"恕"的本质含义是同情心、同理心，是换位思考、推己及人。宽恕、饶恕之意都是在此基础上引申出来的。可以说，孔子给人们立身处世和交往划定了一条底线，守住这条底线，才不会对他人造成侵扰甚至伤害，才具有人之为人的基本修养。在此基础上，才有可能追求更高的境界。

这个理念在《大学》中被称为"絜矩之道"，即立身处世的基本原则、基本规矩、基本遵循。《大学》说："所恶于上，毋以使下；所恶于下，毋以事上；所恶于前，毋以先后；所恶于后，毋以从前；所恶于右，毋以交于左；所恶于左，毋以交于右。此之谓絜矩之道。"《大学》描述了上下、前后、右左（即左右）三种关系的交往之道。其实，人与人的所有关系都不外如是。这个交往之道，一言以蔽之，就是自己讨厌什么样的人，就不要成为什么样的人。这个主张说起来容易，做起来却很难。比如，下雨天走在马路上时，没有人不讨厌开快车的人，但并不是所有人在开上车后，都记得在这样的天气里应该慢行。再如，开车时没有人不讨厌别人加塞，但很多人也常常加塞。有人开玩笑说："我开车的时候特别讨厌两种人，一种是加塞的人，另一种是我加塞时不让加的人。"再如，无论身在何职，当自己到有关部门办事时，对他们的服务质量、效

率和态度一定有期待，如果对方做不到就会不满意，甚至会投诉。但当别人到自己这里来办事时，却往往拿不出自己期待的质量、效率和态度。现实中，我们常常成为自己讨厌的人，究其原因，就是缺乏恕心，没有做到同情同理、换位思考、推己及人。可见，孔子的"恕"对我们的道德修养、人与人之间的和谐相处、社会的文明进步有多么重要。

1789 年的法国《人权宣言》讲：自由是属于所有的人做一切不损害他人权利之事的权利。其原则为自然，其规则为正义，其保障为法律，其道德界限则在下述格言之中：己所不欲，勿施于人。李肇星也曾说，孔子在两千多年前提出的"己所不欲，勿施于人"，被誉为处理国家间关系的"黄金法则"，镌刻于联合国总部大厅。可以说，孔子提出了一个基于人性特点和需求的共同理念。而像这样的宝贵理念，在以儒家文化为"根"为"魂"的中华优秀传统文化中比比皆是，值得我们深入研究、大力弘扬。

孔子有关"恕"的论述启发我们，培养人格必须首先守住底线，"己所不欲，勿施于人"，这样才能保证不伤人、不损德。但要培养理想人格、高尚道德，这还远远不够，还必须努力追求目标。这个目标，用孔子的话说就是"己欲立而立人，己欲达而达人"。"立"，即立身、立足，"达"即通达，自己想要立身社会，也要帮别人立身社会，自己想要通达，也要帮别人通达。这和"己所不欲，勿施于人"的理念在本质上是相通的，我们可以称之为"恕"的升华。守住底线，就具备了人之为人的基本品格，追求目标，才可以不断实现道德修养的提高，以至仁者境界，正如《论语·雍也》中孔子所说："夫仁者，己欲立而立人，己欲达而达人。能近取譬，可谓仁之方也已。""能近取譬"即能就自身打比方，做到换位思考、推己及人。"能近取譬"就是"恕"，这是践行仁道、修养仁德的根本方法、基本原则。能够笃行恕道，人与人之间的关系才能够达到理想的状态。这个状态叫作"和"。

### （四）实现人伦和谐

"和"即和谐，以恕心待家人则家庭和谐，以恕心待同仁则团队和谐，以恕心待大众则社会和谐。从自修开始，致力于建设一个人人安乐的和谐社会，在孔子和儒家看来，是每个人不可推卸的责任。和谐社会的至境，孔子称之为"大同"。《礼记·礼运》记载了他托古言志的亲口表述："大道之行也，天下为公，选贤与能，讲信修睦。故人不独亲其亲，不独子其子，使老有所终，壮有所用，幼有所长，矜（鳏）、寡、孤、独、废疾者皆有所养，男有分，女有归。货恶其弃于地也，不必藏于己；力恶其不出于身也，不必为己。是故谋闭而不兴，盗窃乱贼而不作，故外户而不闭，是谓大同。"孔子这段话着实令人感动和振奋。

在他看来，"大道"即社会的正道得以实行时，天下是万民共有，人人为公不为私，人们会把那些有道德和有能力的人选拔出来管理社会，人人讲诚信、追求和睦，人们不会只关心自己的父母，也不会只疼爱自己的孩子，让老年人都有善终，壮年人都有事做，孩子们都能健康地成长。有一些特殊的群体，比如鳏夫，老而无妻的人；寡妇，老而无夫的人；孤儿，少而无父或少而无父母的人；独，老而无子女的人，等等。他们都是社会的弱势群体，没有足够的能力，甚至完全没有能力安顿自己的生活。那么，这些人的生活如何保障？

孔子提出的设想特别令人感动——"皆有所养"，国家把他们都养起来。这四个字如果用习近平总书记的话说，就是"一个都不能少，一个都不能掉队"。这不禁让我们想起习近平总书记在党的十九大报告中提出的：幼有所育、学有所教、劳有所得、病有所医、老有所养、住有所居、

弱有所扶。两者在理念与情怀上是一致的。"男有分，女有归"，男人有工作，女人有家庭，这话在今天看来似乎有些问题。难道女人不应该有工作吗？理解这话需要了解孔子所处时代的背景，那个时候"男主外，女主内"，女人是不出来工作的，她们的职守在家庭。任何时代都有其历史局限性，所以传承与弘扬中华优秀传统文化，必须要进行创造性转化、创新性发展。孔子这话的意旨，完全可以与时俱进地理解为男人和女人都应该有工作，应该有家庭。孔子接着说，东西被扔在地上的行为人人讨厌，但收起来不一定藏在自己身上。人人以不出力为耻辱，但出力不一定为自己。可见，在孔子那里，"天下为公"的含义，不仅是"天下共有"，还有"人人为公"，"为公"就是为他、为人、为社会，而不是自私自利。只有这样，才能倡树"我为人人、人人为我"的社会风尚。在这样的社会中，奸邪的事情不会发生，盗窃抢劫、作乱害人的事情不会发生，出门的时候连大门都不用关，这就叫"大同社会"。

平心而论，谁不希望在这样美好的社会中生活？孔子基于人性的特点与需求，给我们甚至全人类提出了一个人人向往、应该人人为之奋斗的理想社会目标。孔子终其一生，都在为实现这样的理想而孜孜努力。

费孝通先生把"大同"之美概括为12个字：各美其美、美人之美、美美与共。我们也可以概括为另外12个字：各善其性、各尽其能、各得其所。每个人的禀赋都能得到自由充分全面的发展，每个人的能力都能得到充分展现，每个人都能够各如所愿、各得安顿。

我们细细品味发现，这个理想社会与共产主义社会有相通之处。关于共产主义社会，《共产党宣言》说，共产主义社会是一个自由人的联合体，在那里，每个人的自由发展是一切人自由发展的条件。恩格斯说，要说共产主义社会的含义，没有比这句话更恰当的表达了。但这句话终究还是过于凝练和学术化，理解起来并不容易。结合马克思、恩格斯在经典著作中的论述，我们可以把共产主义社会的基本特征做如下概括：生产力极大发展，物质财富极大丰富，实现按需分配；人的思想觉悟、道德水平极大提高；没有剥削，没有压迫，没有阶级，人人平等，公平正义，社会和谐；实现了人的解放，即人的自由全面发展。

距离相隔万里之遥、文化背景迥异的马克思和孔子，居然走到了一起，提出了一个理念根本相通的理想社会目标。

其实，深入对比研究即可发现，马克思主义和儒家文化之间，存在着太多精神价值的根本一致性，很多学者对此早就有所观察甚至深入研究。美籍华裔哲学家、斯坦福大学研究员窦宗仪先生在 20 世纪，曾出版一部著作《儒学与马克思主义》。他花费大量时间把儒家文化与马克思主义，从哲学认识论的角度分四个方面做了系统比较研究：思维与存在的关系、物质统一性与认识、认识的辩证性质与辩证的方法、实践是认识的基础和检验真理的标准。最终得出的结论是，两者在哲学认识论上一致，这本书的后面还附了两篇文章，其中一篇是《儒学在中国的命运》，文中附有一个表格，把儒家文化、马克思主义等哲学观点分 11 个方面进行比较分析，比较显示，马克思主义和儒家文化一致性最高。在他看来，这就是马克思主义被中国人接受，而且在实践中取得巨大成功的原因所在。这个观点和英国历史学家李约瑟一致，他说：马克思主义之所以能使中国知识分子靠拢它，因为这似乎就是他们自己的基本原理重返故里，不过是穿了件新的外套而已。

而这个一致性，我们的学者也早有发现。郭沫若同志在 20 世纪 20 年代，也就是马克思主义刚传入中国不久，就写了一篇文章《马克思进文庙》。文庙是古代礼制庙宇与官方学校合二为一的建筑规式，是祭祀孔

子和进行儒学教育的场所。当然，马克思到文庙，既不是祭奠孔子，也不是讲授儒学，而是要搞清楚一件事情。郭沫若同志说，马克思主义传入中国后，有人告诉马克思，你这些思想在中国行不通，因为中国人只信奉一个人，这个人叫孔子，但你的思想和他是不一样的。马克思听后很不服气，专程来到文庙找孔子理论。郭沫若用浪漫主义的笔法虚构了两个人的一番对话，通过这个对话告诉我们他的观察：马克思主义和儒家文化在思想出发点、奋斗目标、实现路径三个方面是一致的。它们一致的思想出发点是关注现实社会、民生福祉，奋斗目标是致力于建设一个和谐有序、人人安乐的理想社会，实现的路径是着力于社会建设、经济建设、文化教育。这三个方面一致，就决定了两个人思想精神价值的一致。

这个一致性，习近平总书记在党的十八大之后多有论述。"马克思主义传入中国后，科学社会主义的主张受到中国人民热烈欢迎，并最终扎根中国大地、开花结果，决不是偶然的，而是同我国传承了几千年的优秀历史文化和广大人民日用而不觉的价值观念融通的。"此后在党的二十大、文化传承发展座谈会等多个场合，习近平总书记都有深刻论述。而每次论及两者思想观念的融通契合时，习近平总书记列举的大都是儒家的思想。因为他深知儒家文化是中华优秀传统文化的重要组成部分。习近平总书记深刻洞察了马克思主义和以儒家文化为代表的中华优秀传统文化的内在融通和高度契合，提出要大力弘扬中华优秀传统文化，提出文化自信，又提出"两个结合"。习近平新时代中国特色社会主义思想就是在坚持"两个结合"中实现的重大理论创新。

通过以上梳理，我们可以体悟到，儒家所主张的通过人的发展完善实现社会和谐发展之路，既是理性务本的，也是切实可行的。但儒家的智慧还不限于此，他们还设计了一个自我检验环节。这个环节就是"省"。

## （五）自我检验改善

"省"，自省。自省的前提是践行。所以我们可以给"省"下这样一个定义：建立在知行合一基础上的自我反省。只有这样，才能够及时评估实践的效果，发现存在的问题，做出相应的调整，实现改过迁善、止于至善。

儒家深刻认识到，加强修养的根本动力在于人内心的自觉，所以始终强调自讼自省。《论语·卫灵公》记载，孔子说："君子求诸己，小人求诸人。"这是强调，遇到问题要首先从自身找原因。《中庸》记载，孔子说："射有似乎君子，失诸正鹄，反求诸其身。"孔子以射箭作比，阐释的也是同样的道理。这个比喻形象而生动，射箭如果不能命中靶心，几乎没有人会强调外在的原因，但立身处世恰恰相反，遇到问题，人们很容易从外在找原因，所以要懂得调整方向，从自身查找问题的根源。《孟子·离娄上》："爱人不亲反其仁，治人不治反其智，礼人不答反其敬。行有不得者皆反求诸己，其身正而天下归之。"孟子从三个方面展开论述，自以为爱别人，人家却并不和你亲近，就要反思自己的爱是否真诚；管理别人却没有管好，就要反思自己的才智是否足够；待人有礼貌却没有得到相应的礼遇，就要反思自己的礼貌是否基于发自内心的诚敬。总之，做任何事情，如果没有达到自己的预期，都应该反过来检讨自己，自身端正了，所有人自然归服。成语"反求诸己"即出于此。

儒家强调的这种自省精神在孔子身上体现得淋漓尽致。翻开《论语》，我们居然看到这样的话："子曰：德之不修，学之不讲，闻义不能徙，不善不能改，是吾忧也。"如果没有前面的"子曰"，我们完全无法想象这是孔子所说。道德没有好好修养，学问没有认真研习，听到该做的事没有立刻去做，有过错不能及时改正，这是孔子所担忧的。孔子在

道德上是世人的榜样，在学问上是公认的老师，终生以弘扬道义为己任，虽也偶有过错，却像日食月食那样"过也，人皆见之，更也，人皆仰之"（《论语·子张》），居然还有如此深切的自省。《中庸》的记载则更令人震撼，孔子说："君子之道四，丘未能一焉：所求乎子以事父，未能也；所求乎臣以事君，未能也；所求乎弟以事兄，未能也；所求乎朋友先施之，未能也。"孔子居然说君子的四种品质自己一样都没做到，其自省之笃深可见一斑。

我们更熟悉的应该是曾子的自省。《论语·学而》记载曾子说："吾日三省吾身：为人谋而不忠乎？与朋友交而不信乎？传不习乎？""日"，每天。"三"，有三次、多次、三个方面等不同的说法。看后面每天反省的内容，也确实是三个方面：为人做事是否做到了尽心竭力，与人交往是否做到了真诚信实，所学的东西是否做到了认真践行。曾子的反省包括做事、做人和学习三个方面，这涵盖了一个人生活的全部，是一个全面的自省。

了解了孔子、曾子的自省，也就找到了他们修身立德、成人成才的原因所在。孔子从一个三岁丧父、十七岁丧母的孤苦少年，成长为千古圣人、至圣先师；曾子从一个资质并不突出、入门晚、年龄小的"笨小孩"（《论语》记载"参也鲁"），成长为上承孔子儒学、下启"思孟学派"的大学问家，都不是偶然的。

后世也有很多自省修身的成功典范。比如，晚清四大中兴名臣之首的曾国藩，有人把他的成就概括为一副对联："立德立功立言三不朽，为师为将为相一完人。"梁启超在《曾文正公嘉言钞序》中说："曾文正者，岂惟近代，盖有史以来不一二睹之大人也已。岂惟我国，抑全世界不一二睹之大人也已。"这是何等的盛誉！但梁启超又说："然而文正固非有超群绝伦之天才，在并时诸贤杰中称最钝拙。""钝拙"，迟钝笨拙。关于他的"钝拙"，有一个流传甚广的故事，说他小时候某天晚上在家背一篇短文，家里溜进一个小偷，小偷看到有个小孩儿在背书，便趴到房梁上躲了起来，准备等他背完睡觉后再下手，结果曾国藩居然背了一夜。小偷趴到天亮，也没有等到下手的机会，气得他从房梁上跳下来，指着曾国藩的鼻子破口骂道："我就没见过你这么笨的孩子。"然后把那篇文章背诵一遍扬长而去。当然，据学者考证，这个故事的原型应是曾国藩的一位同乡前辈周贵谋（字念忠），这个故事记载在《念忠先生逸事状》中。

据史料记载，早年的曾国藩还有贪吃、贪玩、好热闹等缺点。这看起来似乎有些矛盾，他是怎么成长为有"半个圣人"之誉的曾国藩的呢？这得益于他后来拜了一位老师——著名理学家倭仁先生。他从倭仁先生那里学到了儒家弥足珍贵的自省本领。倭仁先生还教给他一个自我督促的办法——写日记。曾国藩的自省日记从那时开始写，一直写到他去世的前一天。好一个"钝拙"的曾国藩！没有这样一种笨功夫，哪来修养学问事业成就的"苟日新，日日新，又日新"？无论学习历史还是观照当下，我们也常常发现一个规律：一个人越"笨拙"，似乎越容易成功。

综上所述，儒学修养论的基本理路，即儒家倡导的理想人格的实践路径，可以概括为仁、礼、恕、和、省。这五个字均出自儒家原典文献，是儒家文化中极为重要的概念，每一个字都有丰富的内涵，彼此之间也有深刻的内在联系。这个基本理路，静态看可以视为儒学修养论的理论框架，动态看则是一个理想人格的形成过程。在这个过程中，不仅可以实现人自身的完善，还可以安顿他人、推动社会健康和谐发展。儒学修养论的基本精神启示我们，一个人要想培养人格、成就事业、实现生命的意义与价值，必须服务他人，奉献社会，从政经商、百业千行，

概莫能外。而这样的价值追求和责任担当与马克思主义是一致的。因此，儒学修养论中的思想智慧，可以给我们加强党性修养提供重要启示和宝贵借鉴。

### 三、加强党性修养的启示与借鉴

从儒家理想人格形成的关键环节与加强党性修养方法路径结合的角度思考，我们可以得到四点重要启示。

**（一）树立高尚志向，保持境界追求上的先进性**

这是加强修养的方向引领。古往今来，有一个问题很值得深思，为什么人与人刚出生时原本相差无几，最终却有天渊之别？有人高尚到让人高山仰止，有人卑鄙到让人不忍直视。其中的原因很复杂，但最为根本的一点，就是有无高尚志向的引领，只有高尚的志向才能引领高尚的人生。所以，在儒家看来，高尚其志是一个人毕生最重要的事情。《孟子·尽心上》记载，王子垫（齐宣王之子，名垫）曾经问孟子"士何事"，孟子毫不犹豫回答"尚志"，深意正在于此。东北抗联英雄赵尚志同志的名字即源于此。

一个真正儒者的成长是这样。《论语·公冶长》记载，孔子曾主动发起话题，启发自己的弟子子路、颜回畅谈志向，两人各自作答之后，子路请教老师的志向是什么，孔子脱口而出："老者安之，朋友信之，少者怀之。"老年人可以安乐生活，朋友之间相互信任，年轻人得到应有的关怀。孔子的志向完全与自己无关，这就叫高尚。正是在这种高尚志向的引领下，孔子毕生"笃信好学，守死善道"，创立了儒家文化，从一个三岁丧父、十七岁丧母的孤苦少年，成长为万世景仰的至圣先师、千古圣人。

一个马克思主义者的成长也是这样。马克思高中毕业时，在《青年在选择职业时的考虑》中说，要"选择最能为人类而工作的职业"。此后，他也和孔子一样择善固执、笃行不辍，最终创立了改造世界的科学理论——马克思主义，从一个普通少年成长为全世界无产阶级和劳动人民的伟大革命导师。

其实，很多人在少年时代都曾有过自己的鸿鹄之志，但大多随着年龄的增长抛之脑后。出现这种情况的原因有很多，其中重要的一点便是没有经受住价值观物化的考验。所谓价值观物化，就是衡量人生价值的标准太过现实与功利。物质层面的目标于人而言当然是必要的，但人生的追求不能仅限于此，在此之外还有更重要的东西，那就是人自身的修养。不进行自我修养，就无法成就理想人格、展现人文之美，当然也不可能获得真正的成功、幸福与快乐。对于这个道理，早在2500多年前，孔子就曾有过精彩论述。《孔子家语·在厄》记载子路曾请教孔子："君子亦有忧乎？"孔子回答说："无也。君子之修行也，其未得之，则乐其意；既得之，又乐其治。是以有终身之乐，无一日之忧。小人则不然，其未得也，患弗得之；既得之，又恐失之，是以有终身之忧，无一日之乐也。"孔子的论述深刻指出，一个人应该首先致力于追求成就高尚的道德，无论是否达成目标，一生都是快乐的。否则，必然会陷入患得患失的苦恼中，无论物质层面的目标实现与否，都不会获得真正的快乐。

作为一名党员干部，无论从保持先进性、发挥示范作用还是自己安身立命、追求幸福快乐的角度，都应该带头树立高尚的志向。

### （二）坚持终身学习，保持能力素质上的先进性

这是加强修养的不竭动力。习近平总书记在党的十九大报告中，向全党发出了增强"八种本领"的号召，其中第一种本领就是学习本领。习近平总书记之所以把学习本领放在第一位，就是因为深知它在各种本

领的养成中具有无可替代的基础性和引领性。

有人说，人与人最根本的差距在于学习力。这话颇有道理。一个人要想有所成就，必须在树立了高尚的志向后，坚持终身学习。比如孔子。如前所述，孔子在"十有五而志于学"之后，终生勤学不辍，"发愤忘食，乐以忘忧，不知老之将至"。众所周知的成语"韦编三绝"，说的就是孔子晚年勤学的故事。《史记·孔子世家》记载："孔子晚而喜《易》……读《易》，韦编三绝。"其勤奋显而易见。我们知道，孔子向来"温良恭俭让"，谦虚是他的宝贵品质。有人夸他是圣人、仁人，他说："若圣与仁，则吾岂敢，抑为之不厌，诲人不倦，则可谓云尔已矣。"（《论语·述而》）前面也曾论及，即便是君子境界，他都说自己没有达到。唯独对于学习，孔子似乎并不谦虚，他说："十室之邑，必有忠信如丘者焉，不如丘之好学也。"（《论语·公冶长》）《论语》明确记载孔子说自己"无知也"。显然，发奋学习是因为自知无知，这正是大谦虚！没有如此的好学，哪来千古不朽的人格与成就。有人说，孔子是学习改变命运的第一人。

马克思也是这样。《马克思的自白》记载，他曾经对自己的女儿小燕妮说："我的爱好就是啃书本。"这和孔子说自己好学如出一辙。马克思也曾说过，自己是"一架注定贪婪读书的机器"。众所周知，马克思从1850年开始，在英国大英博物馆阅览室读书创作近三十年，研读了馆中收藏的几乎所有政治经济学文献和相关资料。有人统计，他共阅读书籍1500余部，写下笔记上百本，最终创作出马克思主义重要著作——《资本论》。

在现实生活中，我们也看到一些人很喜欢读书，但为什么没有获得孔子和马克思那样的成就？这和学习的内容有关。一个时期，很多人喜欢言情小说、官场文学等。说实话，这样的书，读不如不读。甚至说，只读专业书籍，都无益于人格的修养与完善。《论语·述而》："志于道，据于德，依于仁，游于艺。"这可以称为孔子的人才教育大纲：立志追求人生至理，牢牢把握道德修养这个根本，坚定不移地笃行人生正道，娴熟掌握各种技艺。在这样一个学习体系中，"道""德""仁""艺"缺一不可，"道"决定方向，"艺"关乎速度，而方向永远比速度更为先。方向愈明确而坚定，成长愈健康而有效。孔子主张的学习是全面学习以道为本的"综合素质教育"。《论语·学而》："弟子入则孝，出则弟，谨而信，泛爱众，而亲仁。行有余力，则以学文。"体现的也是这样的主张。这可以称为孔子的青少年教育大纲。在他看来，一个孩子首先要建立起道义和道德的根基，然后再去学习文化知识、技能技艺，才会有理想的成长效果。清代康熙年间教育家李毓秀根据孔子的主张，创作了著名的蒙学教材《弟子规》（又称《训蒙文》），迄今依然有重要价值。

明确了学习的内容后，还要围绕目标持之以恒。《论语·子张》记载孔子的学生子夏说："博学而笃志，切问而近思，仁在其中矣。"要广泛深入地学习追问思考，但要坚定地围绕着一个正确的方向，这样的学习才会有好的效果。这启发我们，人的精力是有限的，学习要锚定一个目标持续积累，不能东一榔头西一棒子。作家格拉德威尔在《异类》一书中提出一个"一万小时定律"，他说："人们眼中的天才之所以卓越非凡，并非天资超人一等，而是付出了持续不断的努力。1万小时的锤炼是任何人从平凡变成世界级大师的必要条件。"1万小时，合计不到一年四个月的样子，假如按照每天工作八个小时、一周工作五天计算，大概是五年时间。五年的发奋即可换来毕生的卓越，这实在是一项超级划算的"投资"。多年前，我也曾在一本杂志上见到过一个所谓"一小时理论"，与这个说法异曲同工。这个"一小时理论"说，哪怕是一个门外汉，每天利用一个小时时间对一个领域进行研究式学习，三年之后就可能成为这

个领域的地方性专家，五年之后就可能成为这个领域的全国性专家，坚持八到十年，就可能成为这个领域的国际性专家。

总之，明确奋斗方向，持续全面学习，才能不断成长进步。孔子、马克思以及他们的诸多弟子后学，都给我们树立了可见可学的榜样。

**（三）做到知行合一、学以致用，保持实践上的先进性**

这是加强修养的关键一环。主张知行合一、学以致用是儒家文化一以贯之的主张。这使经世致用成为中华文化的宝贵价值追求。

儒家为什么有这样的主张？孔子在《中庸》中讲得非常清楚："力行近乎仁！"只有努力实践，才能成就仁德。这个见地十分深刻。一个人读书再多，如果没有实践，也不过是徒有知识的"两脚书橱"、知行不一的"能言鹦鹉"，无助于自己德行、智慧和能力的提升。所以儒家重视教育、强调学习，但始终认为实践是其中不可或缺的一环。《中庸》："博学之，审问之，慎思之，明辨之，笃行之。"体现的就是这个智慧。1924年11月，孙中山先生为广东大学（中山大学前身之一）亲笔题写了"博学、审问、慎思、明辨、笃行"十字校训，直到今天，这十个字依然闪耀着智慧的光芒。

《论语·子路》记载孔子说："诵《诗》三百，授之以政，不达；使于四方，不能专对。虽多，亦奚以为？"体现的也是这个理念。读书再多，没有实践运用能力，也是百无一用。很多人更为熟悉的，可能是《论语》开篇的那句"学而时习之，不亦说乎"。自南宋朱熹《四书集注》以来，人们多把这话翻译成"学习之后能够经常复习，不也是很快乐的事情吗"。事实上，对很多人来说，学习、复习未必会带来快乐，反倒可能是痛苦。这不是说孔子这话说得不对，而是我们的理解有误。理解这话应把握三个关键词，一是"学"，狭义的学习；二是"习"，实践；"学习"

就是知行合一，理论联系实际，学以致用。但践行所学有个前提，这就是"时"。"时"，时间、时节、时代。"时"是变动不居的，而它的变化会带来环境、条件等各方面的变化，所以践行所学必须要懂"随时"，时时注意把握"时"的变化，以及"时变"引发的各种变化，这样的实践才能避免教条和僵化，才能收到因时制宜的理想效果。这个智慧用《周易》的话说就是"与时偕行"。毫无疑问，这个理念是理性务实和富有科学精神的，所以，我们甚至可以把"学而时习之"称为"科学实践"。

科学实践正是马克思主义的基本观点和显著特征。1845年，马克思创作了《关于费尔巴哈的提纲》一文。这篇文章全文只有1000多字，却被恩格斯誉为"包含着新世界观的天才萌芽的第一个文件"。文中，马克思在批评包括费尔巴哈在内一切旧哲学的基础上，提出了一个全新的观点——实践。马克思说："哲学家们只是用不同的方式解释世界，而问题在于改变世界。"所以，马克思不仅是一个理论家，还是一个革命家。马克思去世后，恩格斯在他的墓前发表讲话时甚至说，马克思首先是一个革命家。习近平总书记在纪念马克思诞辰200周年大会上的重要讲话中说："实践的观点、生活的观点是马克思主义认识论的基本观点，实践性是马克思主义理论区别于其他理论的显著特征。"其实"实践的观点""生活的观点""实践性"也正是儒家文化的突出特征，它们在这个关键品质上也具有一致性。

要成为一个真正的儒者和马克思主义者，就必须发扬学贵力行的精神。

**（四）勇于自我革命，永葆先进性**

这是加强修养的根本保障。自省就是自我教育，只有自我教育，才能自我改善、自我提升。回顾我们一路走来接受的教育，大概可以分为家庭教育、学校教育、社会教育、组织教育。同样是接受这些教育，为

什么效果有那么大的差异，甚至在有的人身上完全无效呢？归根到底要看这些教育有没有激发起自我教育的意识和能力。一个人要想不断提升自己的修养，实现成长，必须首先培养自我教育的意识和能力。如前所述，孔子和儒家正是因为看到了自我教育（自省、自讼）的重要性，才始终把教育的重点放在激发人的内在自觉上。

个人成长如此，一个组织的成长也是如此。回顾中国共产党的发展史，之所以能够在经历了诸多艰难困苦之后，始终保持着先进性和纯洁性，就是因为具备这种自我教育的意识和能力。这个意识和能力，我们称之为自我批评。毛泽东同志强调，有无认真的自我批评，也是我们党和其他政党互相区别的显著的标志之一。这种意识和能力，习近平总书记称之为自我革命，他说："我们党之所以伟大，不在于不犯错误，而在于从不讳疾忌医，敢于直面问题，勇于自我革命。"这是中国共产党总结长期历史经验得出的一个宝贵经验，是跳出治乱兴衰周期律的第二个答案。

坚持认真的自我批评、严格的自我革命是中国共产党始终保持先进性和纯洁性的"秘密武器"，也是加强共产党员党性修养的必由之路，而儒家文化中的自省理念，可以为我们保持这个宝贵品质、永葆自身先进性提供有益借鉴。

# 传统儒家视域下的廉德教育

刘振佳

笔者拟从传统儒家文化视域论述廉德教育。传统儒家学说中蕴含着人之为人以及立身行世的道理，有利于我们更好地做人、做事。千百年来，人们一直把《论语》等儒家著作视为一套"公理学说体系"，也就是不需要证明和无法证明的学术系统。从儒学这一特定角度看廉德教育，能让我们更深更好地认识理解为官从政保持廉洁作风的必要性和必然性。

## 一、廉的历史内涵

首先要理解廉的含义。廉字的本义是屋内的边角，所谓"设席于堂廉，东上"（《仪礼·乡饮酒礼》）。东汉许慎《说文解字》："廉，仄也，从广兼声。"清代段玉裁注："此与广为对文，谓逼仄也。"仄有侧旁、狭隘之意。基于对现实生活的观察和理解，那些低矮、简单、干净的地方就是"廉"。

因为廉具有廉洁、不贪污等含义，从抽象意义上看，属于一种高尚的精神品格。人们很早就将这一道德观念应用于为官从政中，将其作为

政德修养的基本内涵，使廉、廉德成为为官从政的重要要求。

西周时期最早把廉与政治联系起来。《周礼》一书明确指出："以听官府之六计，弊群吏之治，一曰廉善，二曰廉能，三曰廉敬，四曰廉正，五曰廉法，六曰廉辨。"采用官府所制定的"六计"，可以更好地纠治为官之弊的问题。具体来说就是以"六廉"作为考核官吏政绩的准则：廉善，指善于行事，把事情做好，清廉而政绩优异；廉能，指能贯彻推行政令的能力，清廉能干；廉敬，指不懈于职位职责，谨慎勤劳，尽职尽责，清廉而忠于职守；廉正，指具有公正廉直的品质，品行方正，干净正直，为人施政公道；廉法，指守法不失，执法不移，清廉守法，规制天下；廉辨，指明辨是非，头脑冷静清醒，清廉明辨。之所以在六条准则中，都冠以"廉"字，就是强调既断以大事，又以廉为本，廉是为官者从事政务管理的重要标准，任何事情都必须建立在廉的基础上。

因为廉是为官者不可或缺的道德观念。《管子》一书将其提升至影响国家存亡的高度，指出："国有四维……一曰礼，二曰义，三曰廉，四曰耻。"并且强调："四维不张，国乃灭亡。"国家有四种基本的维系理念，廉是其中不可或缺的一个，没有这四种观念统辖引导，国家必然会走向灭亡。对于官吏职责，秦简《为吏治官》提出务必要履行五善，即"一曰忠信敬上，二曰精廉无旁（谤），三曰举吏审当，四曰喜为善行，五曰龚（恭）敬多让"。保持清廉是为官者应该具有的基本政治底线。

第一，采用严格的监察制度，确保官员清正廉明。早在先秦时期，便建立了严密的监察体系。战国设有御史，负责监管官员的施政情况。秦汉时期，设有御史府，西汉末年改为御史台。唐代将全国分为十道，每道均设监察御史一人，御史随时巡按地方。东汉开始设立举谣言制度，金代实行廉察制，明代改御史台为都察院，清代沿用此制。监察机构均由皇帝直接管理，严密的监察体系为依法惩贪、倡导廉政提供了组织保证。

第二，实施严格的考核惩治。据《尚书·舜典》记载，早在夏商时期，便规定"三载考绩，三考黜陟幽明"。西周时，制定出六种考核方式。秦朝专门制定出考核官员的《效律》，详细开列为政的行为规范、责任划分，类似于今天的审计制度。唐代制定有"四善二十七最"制度，四善即德义有闻、清慎明著、公平可称、恪勤匪懈，无不蕴含着勤政廉政的意旨。金朝也实行监察制度，天子敕派使臣，以默访百官之贤愚功过也，同时规定将贪官的名字公之于众，以此警示官员廉洁为政。明代建构从中央到地方的监察机构，实行年度和随机的巡访监察措施，还有针对各部门的专业监察。明代对贪污受贿的官员实行严厉的惩罚措施，不仅有剥皮处死的酷刑，还有株连家人和宗族亲戚的惩处方式。清代实行"京察"和"大计"的考核监管措施，采用"四格八法"考核，通过考核监管，表彰廉政为民者，惩治贪赃枉法者。

第三，制定廉政法律制度，严惩贪腐。早在夏朝时期，就有了专门的廉政法律。《左传》引《夏书》说："昏、墨、贼、杀，皋陶之刑也。"其中的"杀"就是对那些贪得无厌、败坏政风的官员予以严厉的死刑处罚。商朝为了管理部落官员行为，专门制定有禁止"三风十愆"的《官刑》。西周时期为了管理好宗法家族成员，维护政权统治，对那些故意腐败、饮酒作乐无度的官员，"尽执拘以归于周，予其杀"。《尚书·吕刑》提出了"五过之疵"，严惩那些"惟货，惟来"等违法犯罪行为。战国《法经》中有"六禁"之法，其中的"金禁"就是禁止官员贪污金钱财物，规定"丞相受金，左右伏诛；犀首（将军）以下受金，则诛"。秦朝更是实施严法峻刑，通一钱者，黥为城旦。魏晋南北朝时期，制定出专

门惩治违法行为的《违制律》、惩治贪污腐化行为的《偿赃律》。晋律则规定：主守盗五匹，大辟。北魏更是规定："受羊一口、酒一斛者，罪至大辟。"唐代《唐律》中有"六脏"的罪名，其中四项是针对贪赃者的。唐代还有专门的《职制律》，对于那些贪赃的人，要以所贪赃数量论罪。宋代沿用唐律，但比唐律规定得更详细，官员"出巡于所辖并干办处，越等及例外受供给、馈送者，以自盗论"。元代专门制定有整治吃喝的法规。明代主张"重绳贪吏，置之严典"。《刑律》中专门有"受赃"一款，官员"八十贯，绞"。朱元璋下令在各州县设立皮厂庙，将贪污官员在众人围观之下，活活剥皮，然后实之以草，制成人皮草袋，置于官衙门前。《御制大诰三编》规定："……卖放囚徒者，本身处以极刑，籍没家产，人口迁于化外。"清代《大清律》不仅延续了明代治贪的法律规定，还在许多方面增加了一些专门的"附例"，使得反贪污腐败的法律更加系统和完整。

第四，不断强化官员的道德思想教育，主要是对其进行伦理道德教育，使其拥有良好的道德心性，树立更高尚的政治思想意识，在内心筑起防贪止腐的心理防线。至孔子时，将廉上升为道德义理。《论语》："子曰：'古者民有三疾，今也或是之亡也。古之狂也肆，今之狂也荡；古之矜也廉，今之矜也忿戾；古之愚也直，今之愚也诈而已矣。'"古代人有三种毛病，现在或许不是原来的样子了。古代狂妄的人肆意正直，现在狂妄的人却是放荡不羁；古代矜持的人方正有威仪，现在矜持的人却是忿怒乖戾；古代愚钝的人直率，现在愚钝的人却是内心奸诈啊。此段文字中的"廉"，人们将其释为"廉隅"，宋代的朱熹等人将其解释为端肃、棱角。笔者认为，此处的"廉"应该是简洁安定的意思。孔子认为古代正人君子即使处于一个角落，也能够坚守自己的底线，做到内敛静洁，保持良好的道德风范。

孟子数次使用"廉""廉士"。《孟子·滕文公下》:"匡章曰:陈仲子岂不诚廉士哉?"齐国将领匡章向孟子发问:陈仲子难道不是一个廉洁的人吗?尽管孟子承认陈仲子是齐国一个出类拔萃的人,但不认为他是一个真正意义上的"廉士"。孟子认为廉是一种崇高的精神品质。荀子曾痛斥当时的贱儒,"无廉耻而耆饮食",认为那些沦落的贱儒在人格上不知廉耻,只是一味地追求饮食享受。战国中后期的军事家尉缭曾主张将廉耻引入士兵的征战品德教育,所谓"国必有孝、慈、廉、耻之俗,而后民以死易生"(《群书治要》)。国家一定先有孝顺、慈爱、廉洁、羞耻的风俗,之后民众才会有不怕死的牺牲精神。

廉是文人们向往的操守品格。战国时期伟大诗人屈原在《楚辞·招魂》中云:"朕幼清以廉洁兮,身服义而未沫。"东汉著名学者王逸在《楚辞章句》中注释说,"不受曰廉,不污曰洁"。屈原用廉表达自己不受污染、保持清白人品的精神,廉是一种高尚的操守品质。法家代表人物韩非站在以法治世的角度指出,"所谓廉者,必生死之命也,轻恬资财也"(《韩非子·解老》)。韩非子认为真正的廉者必然舍生忘死,把财物看得很淡薄,贪财绝不是廉的表现。

汉代刘向继承先秦儒家的荣辱观,把廉看作一种高尚情操,认为廉是正人君子必备的品质。他在《说苑》中多次提到"廉"。如:"不让以位者,不廉也。""义士不欺心,廉士不妄取。""毒智者莫甚于酒,留事者莫甚于乐,毁廉者莫甚于色,摧刚者反己于弱。""恭敬逊让,精廉无谤,慈仁爱人,必受其赏。""智者不为非其事,廉者不求非其有,是以远容而名章也。""廉而不刿者,君子比仁焉。"廉是一种至高境界。

总之,一方面,孔子和儒家沿着修齐治平的路向思考,开启了经由个体清廉人品推进政治廉洁建设的端绪。另一方面,孔子和儒家从学理

上拓展延伸了政治清廉的内涵与取向，建立起中国传统社会完整的廉德教育思想体系，主张为官从政必须保持清廉的作风。

## 二、提倡政治清廉的必要性

### （一）政治清廉是确保社会政权长治久安的基础

孔子曾明确提出："政者正也。"社会政权必须保持基本的公正，政权不端正，便难以维持社会的平衡和秩序，便难以处理好社会各阶层之间的关系。"其身正，不令而行；其身不正，虽令不从。"如果为官者人人利用权力肆意妄为，大量掠取社会财富，会导致社会利益分配不均、民怨鼎沸，"不患寡而患不均"，进而有可能造成人们厌恶政权，从而揭竿而起，推翻这个不为民、不合理的政权。如果不能有效治理官员贪腐，必然会造成荒政、乱政之风横行，政权被蛀虫掏空，最后走向灭亡。

管仲专门指出："政者，正也。正也者，所以正定万物之命也。是故圣人精德立中以生正，明正以治国，故正者所以止过而逮不及也。过与不及也，皆非正也。非正，则伤国一也。勇而不义，伤兵；仁而不法，伤正。故军之败也，生于不义；法之侵也，生于不正。"管仲认为，政就是正。圣人之所以宣扬以正治理国家，是因为正就是建立起国家应有的规范尺度，以端正人们的言行举止。因此，正就是矫正那些过和不及的东西，因为过与不及都不是正。不公正会损害国家利益。勇敢但不合正义，就会伤害军队；仁爱而不遵守法规，就会破坏正当合理原则。所以军队溃败，源于不合乎道义，法规被侵害，源于不公正。"四维不张，国乃灭亡"，国家政治管理如果失去了规范，官员贪污腐化，这个国家一定会走向灭亡。

## （二）政治清廉是推进社会风气建设的重要保障

从古至今，政府官员是社会的引领者和管理者。官吏担负着管理社会的职责，唐代孔颖达疏《礼记·王制》云"官者管也，以管领为名"，作为人所建立的群体组织，不能没有管理者。因为官员处于管理地位，于是官员自然而然就有了一种国家管理者的形象，成为社会上特定身份的"公众人物"，成为社会上被特殊关注的人物。用《礼记·大学》中的话说："十目所视，十手所指，其严乎。"所有的眼睛都在看着你，所有的手都在指向你，如此严密。儒家强调慎独，就是自己独处时更要谨慎，不要认为别人没看到就不知道，其实你的一言一行都在群众的监督之下。

对于社会公众来说，官员具有鲜明的示范作用。孔子说："子为政，焉用杀？子欲善，而民善矣。君子之德风，小人之德草，草上之风必偃。""苟正其身矣，于从政乎何有？不能正其身，如正人何？""为政以德，譬如北辰，居其所，而众星共之。""政者，正也，子帅以正，孰敢不正。"其中的"正"字明确显示出政府官员具有一种特殊管理作用，除了采用各种方式对民众实施管理，其本身的言行举止也具有一定的社会导向和管理功能。在一定意义上，百姓并不是从政府官员的言语中认识和理解政府的政策和管理取向，更多的是从官员的所作所为中，认识理解社会政权是否具有无可否认的正当性、合理性，是否按照正道来治理国家。国家政权的端正，除了依靠政策，也要依靠国家公务人员的言行风范来予以体现，这就要求公务人员必须端正自身行为，确保言行举止正当合理。立身为正既可以提升政权在民众中的信誉度，又能够起到表率作用。相反，在社会施政管理中，官员要权威，任意妄为，贪污腐化，必然会被人们看到，必然会受到指斥，还有可能起到极其严重的反面引导作用，将整个社会带向歧途，导致社会风气败坏，使社会进入混乱状态。

### （三）政治清廉是推进社会治理效率效能的保障机制

社会政治管理是一个严密的体系建构，所有官员都是施政管理不可或缺的有机组成部分。因为权力的存在，在社会上造成了特殊的"权势"性，使得当官的人自然成为有权有势的人物。权力是一把双刃剑，没有权力，社会难以管理，而权力过度膨胀或乱用，则会给社会造成不良后果。

因此，我们在执政过程中，必须有一个清晰的执法行政尺度，或者说有一个确保政治生态环境良好的清廉风尚。因为管理者具有廉洁的品质，无形中会增加管理的权威性和效能性，所谓"公生明，廉生威""吏不畏吾严而畏吾廉，民不服吾能而服吾公"。历史上一些著名人物如诸葛亮等人，他们之所以为人们所敬仰，其中一个重要原因就是他们在生活和管理中具有廉洁风范。同时，管理者只有具有廉洁品质，才能够在处理政务时秉公办事，不为其他因素所左右，做到公正廉明、合理有节。西晋时期著名政治家、思想家傅玄是最早提出"官德"概念的人，他认为官德就是具有廉明的道德观念，能够去私心、立公道，做到"敬职""至公""去私""有公心必有公道，有公道必有公制""夫能通天下之志者，莫大乎至公……唯至公，故近者安焉，远者归焉，枉直取正，而天下信之"（《傅子》）。事实证明，只有廉洁的官员，才有可能一碗水端平，否则，要想做到公平公正是很难的。

## 三、如何培养廉德

### （一）树立崇高的政治信念和正确的价值观念

政治信念和价值观念是为政者在社会上生存的基本观念基础，是所有行为的出发点和回归点，就像孔子所说的那样，要"志于道，据于德，依于仁，游于艺"。什么是道？为什么要遵循道？道就是我们平常所说的

"道义"。在传统儒家看来，人之为人的本质之一，就是人与动物的本质区别，就是人有人性，这就是儒家所谓"人兽之别"，用孔子的话说就是"君子去仁，恶乎成名"。孟子认为人有"四心"，人不仅要懂得遵循自然道理，还要懂得按照社会的方式来与人相处，懂得生活中有许多必须遵循的道理。孔子云"何莫由斯道也"。人在世界上生存与生活有其特定的社会意义性，绝对不可以忘了自己人的身份和地位，必须有超越性的世界观和价值观，知道按照道理来审视和看待世界生活，知道人的生命具有自然意义之上更高的意义。

1. 将政治之道作为至高追求和信念

儒家经典《大学》讲："大学之道，在明明德，在亲民，在止于至善。"要明白好的社会政治道理，以此建立起自己的"明德"，也就是懂得亲爱民众、亲爱他人。具有仁爱情怀的为政者不仅能够在政治生活中自觉地推行"仁政"，以仁爱情怀治国理政，同时能按照政治之道的要求，"知其所止"，即"为人君止于仁，为人臣止于敬，为人子止于孝，为人父止于慈，与国人交止于信"（《大学》）。为官从政者都是所谓"大人"，要既能够明德，又能够知止，能够按照自己的社会地位来履行自己的社会职责；还要严格要求自己，真正了解为官从政是干什么，从根本上理解"为政以德"，知道不该腐败、不能贪腐，使自己朝着廉洁的方向发展，而不是沿着贪污的道路继续下滑堕落。

2. 志在创造应有的生命价值

孔子主张人应该"仁以为己任"，强调"朝闻道，夕死可矣"。这些命题看似极其高远，其实说白了，就是要求为官从政者绝对不可以成为一个只会吃饭穿衣的行尸走肉，除了吃饭穿衣，还要追求更高层次的价值意义，或者说是活出境界，活出价值意义。今天的党员、干部要为实

现共产主义而活，同时理解人生有"三不朽"，"人生自古谁无死，留取丹心照汗青"，为官者就是要为社会"大道之行"的信念奉献自己。

3. 保有必要的信仰

在现实生活中，不同人之间会存在物质贫富差异。如何对待差异？子欲居九夷。或曰："陋，如之何！"子曰："君子居之，何陋之有？"（《论语·子罕》）子曰："贤哉回也！一箪食，一瓢饮，在陋巷，人不堪其忧，回也不改其乐。"儒家认为，人应有更高的信仰，追求天人合一的美好仁性境界，根本不会感到生活艰难困苦。作为新时代党员、干部，我们要坚定共产主义信仰。2013 年 9 月，习近平在指导河北省委常委班子专题民主生活会上的讲话中指出："'四风'问题与世界观、人生观、价值观有密切联系。在作风问题上，起决定作用的是党性。作为党的干部，必须永不动摇信仰，做到坦荡做人、谨慎用权，光明正大、堂堂正正。"政治信仰是不可或缺的。

（二）树立遵守政治纪律和社会法律的观念

国家法律法规是人们在社会生活中的基本底线，是保证国家公职人员廉洁自律最有效的方式和方法。

1. "礼者，制也"

国家法律及各种规章制度中包含着各种礼。孔子认为"刑罚不中，则民无所措手足"，没有完善的法律法规，便很难有良好的行为规范。为官者要将国家的法律法规作为自己依法行政的根本依据，作为廉洁从政的红线和底线。

2. "礼者，履也"

礼还包含着现实生活中的各类习惯和规范，虽然它们没有被纳入书面法规中，但同样是为官从政者不可违背的基本规则，如为官要遵循

"温良恭俭让"的道德规范，这些规范有利于官员形成清廉的优良品质。

3."礼者，仪也"

礼包含着各种仪式和仪表风范。为官者在参加各种仪式、各种活动时，要增加自己的神圣感和规范意识，要养成"非礼勿视，非礼勿听，非礼勿言，非礼勿动"的良好习惯，养成遵规守纪的自觉性。

党员、干部要对法律法规有敬畏之心。孔子曰："君子有三畏：畏天命，畏大人，畏圣人之言。"无论是天命还是大人，还是所谓圣人之言，其中一个基本的道理就是人应该持守中道。《中庸》讲："君子中庸，小人反中庸，君子之中庸也，君子而时中，小人之中庸也，小人而无忌惮也。"儒家所谓"中庸"，强调中道而行，做到"中正"，要严格遵守法律规范。君子知道该如何坚持中道，小人则是"无忌惮"。没有对法律的敬畏，就容易走向犯罪之路，绝对不可以心存侥幸心理，应该"见善如不及，见不善如探汤"。见到善事要急切追求，见到不善之事要赶快躲开。在法律面前，要深刻懂得"莫伸手，伸手必被捉"的道理。要坚持遵纪守法，确保自己的从政之路走得更顺畅辉煌。

### （三）树立健康正确的生活观念

在儒家看来，人都生活在现实中，人到底应该怎样生活，这是一个需要深刻思考的问题。人毕竟不同于动物，应该用自己的清醒理性和聪明智慧来适应生活，选择更为明智的生活方式。

人应该时刻保持忧患意识。孔子提出"人无远虑，必有近忧"，孟子提出"生于忧患而死于安乐也"。为官从政更是一个充满奉献的职业，我们应该时时刻刻提醒自己，绝对不可以"饱食终日，无所用心"。我们要时刻保持警醒，要像曾子一样，"吾日三省吾身：为人谋而不忠乎？与朋友交而不信乎？传不习乎？"即以警戒之心和敬畏之心，不断地反省自

己的所作所为，做到居安思危。我们同时要像孔子一样，"德之不修，学之不讲，闻义不能徙，不善不能改，是吾忧也"。品德不修养，学问不讲习，听到合于义的事不能亲身实践，有了不好的事不能改正，这些是我所担忧的事情。我们要以高度的忧患意识，筑起反腐倡廉的心理防线。

人应该控制好自己的欲望。先秦儒家并没有把欲与天理对立起来，而是认为欲是一种很自然的存在，是人性不可缺少的属性。《郭店楚简》载："欲生于性。"只要是人，只要有人性，就会有欲。《礼记·礼运》说："喜怒哀惧爱恶欲，七者弗学而能……饮食男女，人之大欲存焉……故欲恶者，心之大端也。"孔子说"富与贵，是人之所欲也"（《论语·里仁》），孟子说"欲贵者，人之同心也"（《孟子·告子上》），都肯定了个人欲望是人性的普遍自然现象。荀子更是具体论述了欲与人性的必然联系。他在《荀子·正论》篇批评宋钘"人之情欲寡"的说法，认为人绝不是天生情欲寡浅的动物，人的欲望就是要寻求各种享乐，而且越多越好。他指出："性者，天之就也；情者，性之质也；欲者，情之应也。以所欲为可得而求之，情之所必不免也。"（《荀子·正名》）"凡人有所一同：饥而欲食，寒而欲暖，劳而欲息，好利而恶害，是人之所生而有也，是无待而然者也，是禹、桀之所同也。"（《荀子·荣辱》）

尽管荀子认为人不能没有欲望，但经过"人兽之别"的分辨思考，他发现如果人不控制自己的欲望，不仅会蜕变为动物，而且由于欲望的膨胀肆虐，人会因贪婪无度而走向毁灭。所以，要想为政清廉，必须对欲望加以管控。我们既要注意以合乎"道"的手段来满足基本合理需求，不能"以欲忘道"（《荀子·乐论》），又要尽可能地寡欲。孟子说："养心莫善于寡欲。其为人也寡欲，虽有不存焉者，寡矣；其为人也多欲，虽有存焉者，寡矣。"（《孟子·尽心下》）人少一点欲望，才能更快乐地生存。

为政者更应该减少并控制自己的欲望，这样可以减少被诱惑的机会。孔子说君子"欲而不贪"（《论语·尧曰》），有欲望是正常的，但是不要贪婪。荀子说："欲虽不可尽，可以近尽也；欲虽不可去，求可节也。所欲虽不可尽，求者犹近尽；欲虽不可去，所求不得，虑者欲节求也。道者，进则近尽，退则节求，天下莫之若也。"（《荀子·正名》）欲望不能尽去，但是要适当予以节制，尤其要克制自己的欲望。孔子说："克己复礼为仁。一日克己复礼，天下归仁焉。"（《论语·颜渊》）否则，就会像孟子所描述的"牛山之木"，最终被砍伐一空。通过控制自己的欲望来修养廉洁品德，是古今中外所有官员必须直面的课题。

培养节俭的生活习惯。在《左传》一书中，鲁国的大夫御孙曾说："俭，德之共也；侈，恶之大也。"《论语》中也有"温、良、恭、俭、让以得之"的话。孔子认为："士志于道，而耻恶衣恶食者，未足与议也。"（《论语·里仁》）司马光在《训俭示康》一文中，非常严厉地指出："夫俭则寡欲，君子寡欲，则不役于物，可以直道而行；小人寡欲，则能谨身节用，远罪丰家。"先贤还提出了"俭以养德""俭以养廉"等主张。张士元在《答周仲和书》中云："居官之所恃者在廉，其所以能廉者在俭。"曾国藩说："惟俭可以养廉。"在今天社会物质财富极大丰富的情况下，提倡官员节俭生活，有着十分重要的现实意义。

### （四）树立端正超越的财富观念

在儒家看来，人的生活离不开物质条件，儒家对财富并非完全持排斥态度。正如孔子在《论语·里仁》中所说："富与贵，是人之所欲也；不以其道得之，不处也。贫与贱，是人之所恶也；不以其道得之，不去也。"求富贵、去贫贱是人们共有的特性，但要以合理的方式求取财富，要对财富有正确的认知。

1. 取财要有道义考量

君子爱财，取之有道。儒家重义轻利，主张"义以为质""义以为上"，尤其提倡"见利思义""见得思义"，坚决反对重利轻义、见利忘义、放于利而行、唯利是求。因为一味追求个人利益，会引起各种社会问题，激化社会矛盾，于人、于己不仅无益，而且十分有害。所以，孔子主张"君子义以为上""不义而富且贵，于我如浮云"，将道义放在前面，通过道义的方式获取利益才是合理的行为，即"君子喻于义，小人喻于利"。这样的人才是真正意义上的"成人"。孟子则提出："义，人路也。"《大学》也指出："仁者以财发身，不仁者以身发财。"要用义来界定是否做到了廉，义是廉与不廉的重要标准。只有把握了这个标准，我们才能修养出更好的廉德。

《吕氏春秋》把非道致富称为"三患"："贵富而不知道，适足以为患，不如贫贱。贫贱之致物也难，虽欲过之，奚由？出则以车，入则以辇，务以自佚，命之曰招蹶之机；肥肉厚酒，务以自强，命之曰烂肠之食；靡曼皓齿，郑、卫之音，务以自乐，命之曰伐性之斧。三患者，贵富之所致也。"

2. 从政不以发财为目的

为官从政到底为什么？价值何在？这是一个需要深度思考的问题。孔子认为，"君子固穷""君子喻于义，小人喻于利""君子谋道不谋食"。为官如果以"食"为追求目标，就不能更好地履职，还有可能因为贪恋财富而使自己走向贪腐毁灭的道路。2014 年 5 月，习近平总书记在同中央办公厅各单位班子成员和干部职工代表座谈时的讲话中指出："廉洁自律，必须筑牢思想防线，加强主观世界改造，牢固树立正确的世界观、人生观、价值观，加强党性修养，做到持之为明镜、内化为修养、升华为信条。要耐得住寂寞、守得住清贫。我刚当干部时就想明白了一个道理，鱼和熊掌不可兼得，当干部就不要想发财，想发财就不要当干部。要发财可以合法发财，自己经营，靠勤劳致富、靠能力致富、靠智慧致富，光明正大、理直气壮，这么干不是很好吗？为什么要在为党和人民服务的岗位上戴着假面具去干那些伤天害理的事！自己的良心难道一点没有发现吗？睡得着觉吗？把这些事情想清楚了，干事自然有底线，自然有高度，自然不会做那些充满了诱惑、可能掉入陷阱、可能一失足成千古恨的事情。"

### 3. 不故意给后人留财富

古今一些人之所以走向贪腐，是因为有这样一个观念：除了自己生活享受，还想为自己的儿女留下财富，以便于他们将来能够生活得更好。为儿孙留过多财富的人不一定是为儿孙谋福祉，可能会无端害了孩子，可能会让他们成为生活低能儿、无所成就的寄生虫，落得个极其悲惨的下场。曾国藩对此有清醒认识。同治元年，他给次子写信说："凡世家子弟，衣食起居无一不与寒士相同，庶可以成大器，若沾染富贵气习，则难望有成。"他还谆谆嘱托在家的四弟管好子侄辈："吾家现虽鼎盛，不可忘寒士家风味。"道光二十九年，在京师做礼部侍郎的曾国藩在给诸弟的信中说："断不蓄积银钱为儿子衣食之需。盖儿子若贤，则不靠宦囊，亦能自觅衣饭；儿子若不肖，则多积一钱，渠将多造一孽，后来淫佚作恶，必且大玷家声。故立定此志，决不肯以做官发财，决不肯留银钱与后人。"咸丰十年四月初四日，他在日记中特意记下左宗棠的话："凡人须从吃苦中来。收积银钱货物，固无益于子孙，即收积书籍字画，亦未必不为子孙之累。"曾氏称赞左宗棠这些话是"见道之言"。

在传统儒家看来，要想延续家族的辉煌，没有别的办法，只有一条：

"忠厚传家久，诗书继世长。"张元济说："数百年旧家无非积德，第一件好事还是读书。"

### （五）树立诚笃高尚的廉耻观念

耻用"耳"作偏旁，意味着人有一个特征，即知道害羞、羞耻。害羞的时候，自然会面红耳赤，觉得不好意思。这是一种极有意义的自我道德体现，在一定意义上，是人内在的本能道德反应，可以使人在羞耻状态下，确定行为标准，选择做还是不做，展现出一种极高的人性品质。孟子将"羞恶之心"作为人的四心之一，认为人如果没有羞恶之心，则是非人也，就是禽兽，因为动物不知道羞耻。正是因为羞耻是一种有效的心理防范机制，所以儒家十分重视培养人的羞耻之心，认为"知耻近乎勇"，用耻来培育人良好的心性，用耻来使人形成廉德。

#### 1. 有羞耻心

现今社会是一个多元化社会，各种思想汇聚在一起，越是在这样的环境里，国家公职人员越不能随波逐流。"岁寒，然后知松柏之后凋也"，要时刻坚守自己的道德底线，守住羞耻心。孟子说："耻之于人大矣，为机变之巧者，无所用耻焉。不耻不若人，何若人有？"（《孟子·尽心上》）那些投机取巧的人从来不知羞耻。不以落后于他人为耻，又怎能赶得上他人？"人不可以无耻。无耻之耻，无耻矣。"绝对无耻的人是一个不可救药的人。

#### 2. 做到行己有耻

做事情的时候，要有羞耻心。面对各种诱惑，知道如何做出正确的选择，知道用羞耻来约束自己，这就是孔子所说的"行己有耻"。子曰："行己有耻，使于四方，不辱君命，可谓士矣。"自己立身行事时有羞耻心，出使外国各方，不辜负君主交付的使命，可以叫作士了。

### 3. 达到有耻且格

孔子说："道之以政，齐之以刑，民免而无耻；道之以德，齐之以礼，有耻且格。"（《论语·为政》）用政令来引导，用刑法来约束，百姓只求能免于惩罚却没有廉耻之心；用道德来引导，用礼法来约束，百姓不仅有廉耻心而且会遵守法规。

为官者一方面要加强学习，真正从原理上知道贪腐是一种羞耻之事。孟子说："行之而不著焉，习矣而不察焉，终身由之而不知其道者，众也。"做事不明白其中的道理，习以为常，这是很多人都有的问题，正确的方式是弄清其根本道理。"此谓知本，此谓知之至也。"如果不明白根本道理，只是知之皮毛，做起事来势必朦朦胧胧，既不能深入到事物的本质，又不能持久下去，达不到预期的目标。因此，我们要使廉德教育深入人心，就要使人真正做到明理知耻。另一方面，在逐渐养成规范意识的同时，要共同营造以贪为耻的氛围，每个人都要经常检点自己、反省自己，养成恪守正道的自觉性。

# 为政之道　以德为先

李敬学

　　中国共产党自成立以来，为了保持自身的先进性和纯洁性，历来重视党员干部的思想道德建设，尤其是政德建设。党的十八大以来，习近平总书记围绕加强领导干部政德建设发表了一系列重要讲话。2017年1月，在十八届中央纪律检查委员会第七次全体会议上的讲话中，他提出，"要善于运用中华优秀传统文化中凝结的哲学思想、人文精神、道德理念来明是非、辨善恶、知廉耻，自觉做为政以德、正心修身的模范"。在党的十九大报告中，他提出，要"深入挖掘中华优秀传统文化蕴含的思想观念、人文精神、道德规范，结合时代要求继承创新，让中华文化展现出永久魅力和时代风采"。2018年3月，习近平总书记在参加十三届全国人大一次会议重庆代表团审议时说："领导干部要讲政德。政德是整个社会道德建设的风向标。立政德，就要明大德、守公德、严私德。"2018年11月，中共中央发布《2018—2022年全国干部教育培训规划》，把加强党员干部的政德教育纳入干部教育的培训体系。2018年11月，习近平总书记在十九届中央政治局第十次集体学习时的讲话中指出："要严把德才标准。德才兼备，方堪重任。我们党历来强调德才兼备，并强调以德为先。德包括政治品德、职业道德、社会公德、家庭美德等，干部在这些方面都要过硬，最重要的是政治品德要过得硬。"

习近平总书记的这些讲话是习近平新时代中国特色社会主义思想的重要组成部分，系统地回答了"从政者从什么政、为谁从政、如何从政"的问题，既有深厚的传统文化历史底蕴，又有丰富的新时代内涵。他站在新时代的起点上，批判地继承了中国传统政德文化的合理内核，通过创造性转化、创新性发展，使其具有更鲜明的时代特色。

## 一、新时代加强领导干部政德建设的现实依据和历史依据

### （一）现实依据

1. 讲政德是领导干部完成新时代使命的重要保证

党的十八大以来，全面从严治党取得了显著成效，从中央八项规定出台、党的群众路线教育实践活动、"三严三实"专题教育、"两学一做"学习教育、"不忘初心、牢记使命"主题教育到现在的党纪学习教育等，通过一系列的主题教育活动，我们把作风建设作为一个突破口和切入点，经过几年的努力，党风政风为之一振。但是我们在看到成绩的同时，应该清醒地看到，我们面临的"四大考验""四种危险"是现实的、严峻的，也是长期的。从1921年建党时的50多名党员，发展到今天近1亿名党员，党员人数的增加证明我们党的先进性和吸引力在不断增强，大批年轻同志充实到党的队伍中来，给我们这个组织带来了生机和活力。党员数量固然是一个政党生命力的体现，但这不是根本因素。习近平总书记在总结历史经验教训时指出："在历史的长河中，那些帝国的崩溃、王朝的覆灭、执政党的下台，无不与其当政者不立德、不修德、不践德有

关，无不与其当权者作风不正、腐败盛行、丧失人心相关联。"所以说，要实现"两个一百年"的奋斗目标，实现中华民族的伟大复兴，首先必须把我们党建设好，把干部队伍建设好。建设忠诚干净担当的干部队伍，就要让广大干部明大德、守公德、严私德。

2.重视公职人员道德建设是世界各国政党建设的普遍规律

从世界范围来看，各个国家特别是西方发达国家，普遍重视国家公职人员的道德建设，并且以立法的形式予以强化。1978年美国政府颁布了《美国政府道德法》，后来又颁布了《美国行政部门雇员道德行为准则》，1993年新西兰政府制定了《公务员行为准则》，英国政府制定了《地方政府雇员行为规范》，日本于1999年颁布了《国家公务员伦理法》，等等。

从这些国家对公职人员道德建设的立法内容来看，无非包括以下几个方面：公职人员要忠于职守、忠于宪法、忠于法律、忠于国家，要秉公用权。中国有句古话叫"他山之石，可以攻玉"。2014年3月，习近平主席在联合国教科文组织总部的演讲中指出："文明因交流而多彩，文明因互鉴而丰富。文明交流互鉴，是推动人类文明进步和世界和平发展的重要动力。"历史告诉我们，只有交流互鉴，文明才能充满活力。西方国家关于国家公职人员道德建设的实践，为我们今天加强领导干部政德建设提供了有益借鉴。

**（二）历史依据**

1.重视领导干部政德建设是我们党的优良传统

早在1939年12月，毛泽东同志在《纪念白求恩》这篇文章中就向全党同志发出号召：要做一个高尚的人，一个纯粹的人，一个有道德的人，一个脱离了低级趣味的人，一个有益于人民的人。新中国成立之初，针对当时出现的腐败案，毛泽东结合历史教训，郑重地告诫全党同志：治国就是治吏，礼义廉耻，国之四维，四维不张，国将不国。如果臣下一个个都寡廉鲜耻，贪污无度，胡作非为，而国家还没有办法治理他们，那么天下一定大乱，老百姓一定要当李自成。国民党是这样，共产党也会是这样。

改革开放初期，邓小平同志就郑重地告诫全党：各级党员干部要胸怀大局，艰苦奋斗，廉洁奉公，树立共产主义理想和共产主义道德。进入新时代，习近平总书记立足于理论与实践、历史与现实、经验和教训等，对政德修养在治国理政中的重要作用，做了诸多阐述。他指出："中国历代思想家既重视从德修身，也重视从政以德。"两千多年前，孔子就讲："为政以德，譬如北辰，居其所，而众星共之。"那么在这里就提出：官员良好的德行对社会风尚具有引领作用。历史和现实都表明，道德在人类社会发展和进步中具有重要作用，大德之行，必有大治。

2007年，习近平曾指出："俗话讲，做官先做人，做人先立德；德乃官之本，为官先修德……古往今来，为官者'不患无位而患德之不修'，'不患位之不尊，而患德之不崇'。"我们党要善于继承人类一切优秀的历史文化遗产，并立足于现实，着眼于古代政治思想的当代阐释，以此来加强我们的干部队伍建设。

中国历朝历代都把为官从政者的道德建设放在一个非常重要的地位，做官先做人，做人先立德。经过千百年的政治实践，我们在这个方面积累了大量宝贵的经验，可以说，讲政德是中国传统政治伦理的优良基因。中国传统政治伦理的内涵比较丰富，包括忠、勤、廉、耻等为官标准。

（1）忠——中国传统为官标准的道德基石

在中国传统为官标准中，忠是一个具有基石地位的道德范畴。东汉著名经学家马融专门作《忠经》。他在里面讲："善莫大于作忠，恶莫大于不忠。忠则福禄至焉，不忠则刑罚加焉。""忠者，中也。"什么叫忠？忠

就是人心居中，就是公正无私。在中国历史上，就为官标准来说，忠和政始终是联系在一起的。要想从好政，首先必须忠。季康子问政于孔子，孔子讲："政者，正也。子帅以正，孰敢不正？"政是什么？政就是先把自己立住，立正了。你公正无私，下属才不会出现问题。《论语·子路》还记载了孔子的话："苟正其身矣，于从政乎何有？不能正其身，如正人何？"如果你能够做到公正无私，那么从政有什么难的呢？如果你做不到这一点，又怎么去端正别人呢？所以说："忠之为用也，施之于迩，则可以保家邦。施之于远，则可以极天地。"从小处讲，忠可以保家卫国，从大处讲，忠可以通行于天下。

古代的忠是忠于国家、忠于社稷、忠于君主，这和我们今天讲的忠是有区别的。但是先秦儒家讲的忠和明清以后的那种忠是截然不同的。在先秦时期，权利和责任是双向的，君臣之间是讲道义的，是讲独立人格的。孔子讲过："君使臣以礼，臣事君以忠。"孟子讲得更直白："君之视臣如手足，则臣视君如腹心；君之视臣如犬马，则臣视君如国人；君之视臣如土芥，则臣视君如寇仇。"《孟子》一书记载了一件重要的事情，有一天齐国国王齐宣王在朝堂上问孟子："汤放桀，武王伐纣，有诸？"商朝的商汤放逐了夏桀，武王讨伐纣王，有这事吗？孟子说，据历史记载有这个事。然后齐宣王说："臣弑其君可乎？"作为臣子杀掉自己的国君可以吗？孟子说："贼仁者谓之贼，贼义者谓之残，残贼之人谓之一夫。闻诛一夫纣矣，未闻弑君也。"我只听说周武王杀了一个民贼，没有听说弑君这一说。在孟子看来，在那个时代，忠于国家、忠于社稷是大义，而对君主的忠则是相对的。

（2）勤——中国传统为官标准的价值尺度

业精于勤荒于嬉，行成于思毁于随。功崇为志，业广惟勤。建功首先要立志，建业首推勤政。百尺竿头立不难，一勤天下无难事。这些格言警句都充分肯定了勤。孔子的弟子子路问从政的道理，孔子告诉他六个字——先之，劳之，无倦。什么叫先之？率先垂范，正人先正己，要求别人做到，自己首先要做到。什么叫劳之？就是率领自己的部下忠于职守，勤勉工作。什么叫无倦？就是不要懈怠。

曾国藩是中国历史上非常有名的人物，毛泽东在青年时期非常推崇他。中国历史上讲立德立功立言，真正实现这三个目标的不多，曾国藩算是一个。曾国藩结合自身成长的经历，尤其是为官从政的经历，强调官员应该习勤劳以尽职，对如何做到"勤"进行了详细论述。这个论述对我们今天为官从政依然有很大的启示。他说："勤则难朽，逸则易坏。"勤勉才不容易走向腐朽，追求安逸才容易坏事。勤之道有五：身勤，眼勤，手勤，口勤，心勤。第一是身勤，"险远之路，身往验之；艰苦之境，身亲尝之"，一定要率先垂范，以身作则。第二是眼勤，"遇一人，必详细察看；接一文，必反复审阅"。曾国藩通过观察，积累了丰富的观察用人经验。曾国藩正是由于在识人用人方面有独到之处，才提拔了大批的湘军将领和洋务之士，像左宗棠、李鸿章、容闳，都是他提拔起来的。第三是手勤，"易弃之物，随手收拾；易忘之事，随笔记载"。第四是口勤。口勤主要是对待上级，对待同僚和下属，要经常拽拽袖子、扯扯衣襟。第五是心勤，"精诚所至，金石亦开！"曾国藩对自己要求很严，可以说是战战兢兢，如临深渊，如履薄冰。正是因为勤勉，曾国藩才成就了一番事业。

（3）廉——中国传统为官标准的职业操守

廉是一种官德。宋代官员包拯在给宋仁宗的奏折中，讲过这么一句话："廉者，民之表也；贪者，民之贼也。"也就是说，官吏是廉还是贪不

仅关系到执政者形象的好坏，也关系到行政效率的高低，甚至会影响到政权的兴衰。大官不廉，不能正人正己、做下级的表率，小官必定效仿，而小官不廉，不能治民，风俗必败。这些都是历代思想家、政治家屡屡告诫后人的经验。

孟子讲："可以取，可以无取，取伤廉。"廉是什么？廉是国之大防，是为政之本，是为官之宝，是仕者之德。中国清官廉吏不绝于书。清代乾隆年间，河南巡抚叶存仁为官30余年，清正廉洁。他离开河南时，几无积蓄，连赴任的盘缠都很紧张。他的下属想给他盘缠，又怕不要，于是就找理由说："大人要离开河南了，我们和您吃顿饭，上船给您送行。"叶存仁答应了。半夜，一叶扁舟靠到官船边，舟上有很多东西，正是他的下属给他凑的盘缠。叶存仁看到后非常不高兴，当即赋诗一首："月白风清夜半时，扁舟相送故迟迟。感君情重还君赠，不畏人知畏己知。"

（4）耻——中国传统为官标准的道德底线

知耻是中国传统为官标准的道德底线。礼义廉耻，国之四维。两千多年前，齐国的政治家管仲讲："仓廪实而知礼节，衣食足而知荣辱。"在当今社会，人们有了车子房子，幸福指数却没那么高了！问题出在哪里？就是富而不贵，这个"不贵"是什么意思呢？缺乏羞耻感。

近百年来，在对待中国传统文化这个问题上，我们走了不少弯路。著名学者庞朴曾讲，经过近百年代价沉重的社会实践，中国人终于明白了一个道理！什么道理？未来的陷阱不在过去，恰恰是对过去的不屑一顾。所以讲廉洁，强调知耻。子路问孔子，怎样才可以叫作士呢？孔子说，"行己有耻，使于四方，不辱君命，可谓士矣"，做事时有羞耻之心，代表国家出使四方，不辱使命，可以叫作士了！孟子讲："人不可以无耻，无耻之耻，无耻矣。"人不能没有羞耻感，连羞耻感都没有就真是无耻了。

忠是道德基石，勤是价值尺度，廉是职业操守，耻是道德底线。虽然它们具有一些时代局限性，但对我们今天的官员为官从政依然有着重要的价值和意义。

## 二、新时代领导干部政德建设的基本内涵

### （一）领导干部要明大德

#### 1.明大德要铸牢理想信念

习近平总书记指出："明大德，就是要铸牢理想信念、锤炼坚强党性，在大是大非面前旗帜鲜明，在风浪考验面前无所畏惧，在各种诱惑面前立场坚定，这是领导干部首先要修好的'大德'。"

中国传统文化特别是儒家思想中有一种以弘道为己任的责任担当意识。这种意识对我们今天坚定理想信念具有重要价值。孔子讲："君子谋道不谋食……忧道不忧贫。""人能弘道，非道弘人。"曾子讲："士不可以不弘毅，任重而道远。仁以为己任，不亦重乎？死而后已，不亦远乎？"读书人不可以不弘大刚毅，因为他责任重大，道路遥远。把实现仁德作为自己的责任，难道还不重大吗？为之奋斗到死，之后才停止，难道路程还不遥远吗？

金岳霖认为中国思想中最崇高的概念是"道"。行道、修道、得道、弘道都是以道为最终目标，道就是理想。孟子也讲："居天下之广居，立天下之正位，行天下之大道。得志与民由之，不得志独行其道。富贵不能淫，贫贱不能移，威武不能屈，此之谓大丈夫。"司马迁在《史记·太史公自序》中讲，"敢犯颜色，以达主义，不顾其身"。什么意思？为了这个理想，为了这个真理，敢于犯上，不畏强权，甚至不惜牺牲自己的生命。

习近平总书记为什么讲理想信念是共产党人精神上的"钙"，共产党

人如果没有理想信念，精神上就会"缺钙"，就会得"软骨病"，为什么讲理想信念动摇是最危险的动摇，理想信念滑坡是最危险的滑坡？理想信念在和平环境下靠文化自信来坚定。文化自信是更基本、更深沉、更持久的力量。一个抛弃了或者背叛了自己历史文化的民族，不仅不可能发展起来，而且很可能上演历史悲剧。文化兴则国运兴，文化强则民族强。在漫长的中国历史上，中华民族饱经忧患，历经沧桑，但是我们的文化延绵不绝，为什么？得益于我们的文化理念中有一种坚定的文化信仰。2019年，习近平总书记在中央党校（国家行政学院）中青年干部培训班开班式上讲："历史和实践反复证明，一个政党有了远大理想和崇高追求，就会坚强有力，无坚不摧，无往不胜，就能经受一次次挫折而又一次次奋起；一名干部有了坚定的理想信念，站位就高了，心胸就开阔了，就能坚持正确政治方向，做到'风雨不动安如山'。"

2. 明大德要锤炼坚强党性

党性是什么？党性是一个政党固有的本性，是阶级性的最高表现。中国共产党自成立以来，历来重视党性问题。1941年7月1日，在延安庆祝中国共产党成立20周年这一天，中共中央政治局通过了《关于增强党性的决定》，要求全体党员尤其是干部，增强自己的党性锻炼，使全党团结得像一个人一样。2015年12月，在全国党校工作会议上，习近平总书记讲："'种树者必培其根，种德者必养其心。'党性教育是共产党人修身养性的必修课，也是共产党人的'心学'。"

讲到修养，中国传统文化特别是儒家思想中蕴含着丰富的资源。儒家提倡反躬自省。《论语》里讲："君子求诸己，小人求诸人。"曾子讲："吾日三省吾身：为人谋而不忠乎？与朋友交而不信乎？传不习乎？"孟子也讲："爱人不亲反其仁，治人不治反其智，礼人不答反其敬。行有不得者皆反求诸己，其身正而天下归之。"一个人关爱他人，但别人不亲近你，就要反思对他人的爱是不是发自内心。治理一个单位、一个地方，搞得乱七八糟，就要反思有没有这个本领和能力。你对人恭敬有礼，但别人躲着你走，就要想一想，你对人的恭敬是出于真心吗？这就是儒家提倡的"反躬自省"。那么儒家修养的目的是什么？成就君子人格。孔子的弟子子路问君子。孔子告诉他，"修己以敬""修己以安人""修己以安百姓"。加强自身修养，办事严肃认真，使周围的人们安乐，使所有百姓安乐，这就是君子。党性修养是一个终身的过程，所以习近平总书记才讲，干部的党性修养、道德水平，不会随着党龄工龄的增长而自然提高，也不会随着职务的升迁而自然提高，必须强化自我修炼、自我约束、自我改造。

3. 明大德要坚定政治立场，对党绝对忠诚

忠诚老实是五千多年中华文明始终倡导的、人人都应该具备的一种品德。而在古今中外的历史中，忠诚被公认为一种品质和责任，为中国共产党所推崇和认同。2015 年，习近平总书记在同中央党校县委书记研修班学员座谈时讲："对党忠诚，是县委书记的重要标准。"党性修养是一个终身的课题。子张问政。孔子说："居之无倦，行之以忠。"在自己的岗位上要不知疲倦，尽职尽责，对上级的指令要不折不扣地执行。程颐、程颢讲，"欲当大任，须是笃实"，要想担当大任，必须有坚定的立场，有诚恳的态度。2018 年 7 月，在全国组织工作会议上，习近平总书记针对年轻干部强调："党的十八大以来我们查处了一大批高级干部，有的还是党和国家领导层的干部，哪里像党的高级干部？连做普通党员都不配！关键就是对党忠诚出了问题。"孔子的最高理想是仁。什么叫仁？《论语》记载，子曰："参乎！吾道一以贯之。"曾子曰："唯。"子出。门人问曰："何谓也？"曾子曰："夫子之道，忠恕而已矣。"这里强调了仁的一体两

面。从积极的方面讲，仁就是忠，"己欲立而立人，己欲达而达人"。每个人都想成功，都想建功立业，当你成功的时候，别忘了尽你所能帮助他人，帮助别人立起来。什么叫恕呢？从消极方面讲，仁就是恕，"己所不欲，勿施于人"。自己不想做的事，也不强求别人去做。孔子认为最高的道德境界是仁，做到仁就要讲忠。新时代，习近平总书记更是强调："我们挑选优秀年轻干部，千条万条，第一条就是看是否对党忠诚；我们培养优秀年轻干部，千条万条，第一条就是教育他们对党忠诚，坚决防止政治上的两面人。"

### （二）领导干部要守公德

守公德就是要强化宗旨观念，全心全意为人民服务，恪守立党为公、执政为民理念，自觉践行人民对美好生活的向往就是我们的奋斗目标的承诺，做到心底无私天地宽。

1.守公德要强化宗旨意识，坚持人民利益高于一切

从党的十八大到党的二十大，习近平总书记反复讲以人民为中心。以人民为中心是党的性质和宗旨决定的。以人民为中心的发展思想在中国几千年的传统文化中，有着丰厚的文化伦理基础，那就是民本思想。习近平总书记反复强调："江山就是人民，人民就是江山，打江山、守江山守的是人民的心。""治国有常，利民为本。"为民造福是立党为公、执政为民的本质要求。

2.守公德要坚持领导带头，以上率下

孔子曾讲："政者，正也。子帅以正，孰敢不正？""君子之德风，小人之德草，草上之风必偃。"2018年3月，习近平总书记在参加十三届全国人大一次会议重庆代表团审议时强调，"领导干部要讲政德"。

唐太宗李世民在《贞观政要》里讲："若安天下，必须先正其身，未

有身正而影曲，上理而下乱者。"这里凸显了率先垂范的重要性。习近平总书记强调，"政德是整个社会道德建设的风向标"，说的是同样的道理。

3. 守公德要敢于负责，勇于担当

"为官避事平生耻。"2021年9月，习近平总书记在2021年秋季学期中央党校（国家行政学院）中青年干部培训班开班式上讲："干事担事，是干部的职责所在，也是价值所在。党把干部放在各个岗位上是要大家担当干事，而不是做官享福。"

他还多次要求，领导干部应"带头担当作为，做到平常时候看得出来、关键时刻站得出来、危难关头豁得出来"。

### （三）领导干部要严私德

1. 严私德要戒贪止欲、克己奉公，时刻自律自省

领导干部应干干净净做事，这是马克思主义政党性质和宗旨的内在要求。中国共产党的先进性和宗旨与我国古代优秀政治文化一脉相承。在中国历史上，历朝历代都强调官员要修身立德，清廉为官，这是许多政治家、思想家倡导的政治主张，也是千百年来一些正直士大夫终身恪守的为官准则。孔子说："政者，正也。"他把"欲而不贪"作为从政的必要条件。清代康熙年间有一个清官叫张伯行，历任福建巡抚、江苏巡抚、礼部尚书等。为了谢绝各方的馈赠，他专门写了一篇《禁止馈送檄》，贴在了衙门的大门口。其中就说道："一丝一粒，我之名节；一厘一毫，民之脂膏。宽一分，民受赐不止一分；取一文，我为人不值一文。谁云交际之常，廉耻实伤；倘非不义之财，此物何来？"

2. 严私德要慎独、慎欲、慎微、慎初

第一，慎独。这是儒家修养的一个境界，要求一个人独处的时候，也要善始善终，战战兢兢，如临深渊，如履薄冰。《中庸》云："君子戒

慎乎其所不睹，恐惧乎其所不闻。莫见乎隐，莫显乎微，故君子慎其独也。"《大学》云："所谓诚其意者，毋自欺也。如恶恶臭，如好好色，此之谓自谦。故君子必慎其独也。……曾子曰：'十目所视，十手所指，其严乎？'富润屋，德润身，心广体胖，故君子必诚其意。"

第二，慎欲。孟子讲："养心莫善于寡欲。其为人也寡欲，虽有不存焉者，寡矣；其为人也多欲，虽有存焉者，寡矣。"抛开一切不合理的欲望，一个人能够做到这一点，清心寡欲，他的内心世界尽管还有缺陷，还有不完美的地方，但是缺陷也不多了；一个人如果整天为欲望所缠绕，那么内心世界尽管还有那么一点善的火苗，但也已经奄奄一息了。人的欲望是没有止境的。我们现在存在的问题就是欲望太盛，欲壑难填。孟子还讲："人之有道也，饱食、暖衣、逸居而无教，则近于禽兽。"只追求吃饱穿暖，追求良好的居住环境，而不接受教育，就和动物没有什么差别。

第三，慎微。《尚书》里讲，"不矜细行，终累大德"。小节不保，大德必失。《后汉书·陈忠传》："轻者重之端，小者大之源，故堤溃蚁孔，气泄针芒。是以明者慎微，智者识几。"患生于小祸，祸起于细微，道自微而生，祸自微而成。习近平总书记也曾强调："要多积尺寸之功。小事小节是一面镜子，小事小节中有党性、有原则、有人格。要牢记'堤溃蚁孔，气泄针芒'的古训，坚持从小事小节上加强修养，从一点一滴中完善自己，严以修身，正心明道，防微杜渐，时刻保持人民公仆本色。"

第四，慎初。党的十八大以来，很多落马官员在忏悔书中讲，年轻的时候，有自己的理想，也在自己的岗位上勤勉工作。在世界观、人生观、价值观发生"质变"的过程中，他们也有过痛苦，但是一旦迈出了这一步，就无所不用其极了。

**3. 严私德要注重家庭建设和家风建设，管好生活圈、交往圈和娱乐圈**

（1）管好生活圈，树立良好家风

家风又称为门风，是指一家或一族世代相传的道德准则和处事方法。自古以来，中华民族就有重家教、重家训、正家风的文化传统，就有修身、齐家、治国、平天下的道德传承。从《颜氏家训》到《曾国藩家书》，中国古代公开出版的家训不计其数。这些家训虽然各有特点，但从内容上讲，崇德修身、勤俭持家都是各家训的重要内容。一个家庭、一个家族有什么样的家风，就有什么样的精神状态和价值追求。所以说，家风对家庭成员的教化如春风化雨，润物无声。好的家风可以使家庭成为爱的港湾，而坏的家风可能使家庭成为腐败的温床。

比如清代时，浙江金华有一个郑氏家族叫"郑义门"。这个家族从魏晋南北朝时期一直到晚清，出了大量的官员，中进士的有 170 多位。但是这个家族没出过一个贪官，因此被称为"郑义门"。

习近平总书记在 2015 年春节团拜会上强调："不论时代发生多大变化，不论生活格局发生多大变化，我们都要重视家庭建设，注重家庭、注重家教、注重家风。"2015 年 2 月，习近平总书记在中央全面深化改革领导小组第十次会议上指出："领导干部的家风，不是个人小事、家庭私事，而是领导干部作风的重要表现。"

老一辈革命家给我们留下了非常好的可传承的家风传统。毛泽东同志在家风家教方面堪称一代典范。新中国成立初期，他就给自己定了三条原则，"恋亲不为亲徇私，念旧不为旧谋利，济亲不为亲撑腰"。他是这样讲的，也是这样做的。

（2）管好交往圈，择善交友

孔子讲："益者三友，损者三友。"多交好的朋友对自己有好处。"友

直，友谅，友多闻，益矣。"多和正直、宽宏大量、博学多闻的人交朋友是有好处的，只有这样，你的内心世界、你的精神境界才能不断提升。远离三种人，"友便辟，友善柔，友便佞，损矣"。什么叫"友便辟"？就是无原则地恭维和夸奖。什么叫"友善柔"？就是专门顺着领导讲，领导说什么都对。"友便佞"是什么呢？当面恭维，背后攻讦。隋朝学者王通曾说："以利相交者，利尽则散；以势相交者，势去则倾；以权相交者，权失则弃；以情相交者，情逝则人伤；唯以心相交，淡泊明志，友不失矣。"以心相交的朋友才是真正的好友。一个人有什么样的朋友，就有什么样的生活。有什么样的生活往往就会拥有什么样的人生。

（3）管好娱乐圈，培养健康情趣

生活情趣是一个人的志趣和爱好，不仅能反映一个人的审美眼光，还能展现一个人的价值取向。北宋哲学家、思想家张载讲："为天地立心，为生民立命，为往圣继绝学，为万世开太平。"人若志趣不高、心不在焉，虽学无成。2014年，习近平总书记指出，全党同志特别是领导干部一定要讲修养、讲道德、讲廉耻，追求积极向上的生活情趣。

孔子在《论语》中也讲，"益者三乐，损者三乐"，有益的快乐有三种，有害的快乐也有三种。以礼乐调节为快乐，以称道别人的善行义举为快乐，以多交良友为快乐，这对一个人的成长是有益的。以骄纵作乐为快乐，以放纵游荡无节制为快乐，以沉溺于酒食、吃喝玩乐为快乐，这对一个人的成长是有害的。情趣源于志趣，一个人有了高尚的志趣，并始终不渝，心理才能健康，情趣才能高雅。所以说，在生活中，每一名领导干部都应该做到趣而有度、好而有道，培养自己的高尚情操，做一个高尚的人、一个纯粹的人、一个有道德的人、一个脱离了低级趣味的人、一个有益于人民的人。

### 三、新时代加强领导干部政德建设的实践路径

**（一）加强理论学习，努力做到知行合一**

知行问题是中国思想史上一个重要的命题。几千年以前，我们的先人就在探讨知行问题。在先秦诸子中，虽然孔子和孟子没有直接说知行问题，但是他们讲到了言行一致的问题。《中庸》里面讲："好学近乎知，力行近乎仁，知耻近乎勇。""博学之，审问之，慎思之，明辨之，笃行之。"子贡问君子，孔子说"先行其言而后从之"，就是要求言行一致。

2014年5月4日，习近平总书记在北京大学师生座谈会上的讲话中说："道不可坐论，德不能空谈。于实处用力，从知行合一上下功夫，核心价值观才能内化为人们的精神追求，外化为人们的自觉行动。"

**（二）多积尺寸之功，从小事小节上加强修养，提升从政道德境界**

俗话说，风成于上，俗成于下。领导干部的生活作风、工作作风、生活情趣，看起来是个人的事，但是这不仅关系到本人的形象和品质，还关系到党在群众中的形象和威信，对引领社会风尚、培养人民的生活情趣也具有重要影响。

加强政德建设必须做于细成于小。政德是在一点一滴的实践中形成的，如果脱离了实际工作和生活，就会成为无源之水、无本之木，政德建设也就落不到实处。

**（三）建立健全德才兼备、以德为先、任人唯贤的选拔任用体系**

党的十九大报告提出，要坚持党管干部原则，坚持德才兼备、以德为先，坚持五湖四海、任人唯贤，坚持事业为上、公道正派，把好干部标准落到实处。这就需要坚持正确的选人用人导向，匡正选人用人风气，突出政治标准。坚决维护党中央权威，全面贯彻执行党的理论和路线方

针政策，需要的是忠诚干净担当的干部。

选什么样的干部，用什么样的人？从哪里选人，怎么选人？这是干部任用的重要问题。2018年7月，习近平总书记在全国组织工作会议上强调，"把政治标准放在第一位"。政治标准是硬杠杠，如果政治不合格，能力再强也不能用。

我们今天讲德，首先强调的就是政治品德，政治上有问题的人，能力越强，职位越高，危害越大！

《周易·系辞下》："德薄而位尊，知小而谋大，力小而任重，鲜不及矣。"儒家在用人上主张德位相配，以德配位。孟子也讲："是以惟仁者宜在高位，不仁而在高位，是播其恶于众也。"

### （四）坚持依法治国和以德治国相结合

孔子讲："道之以政，齐之以刑，民免而无耻；道之以德，齐之以礼，有耻且格。"孟子也说："徒善不足以为政，徒法不能以自行。"法律是成文的道德，道德是内心的法律。法律是准绳，任何时候都必须要遵守。道德是基石，任何时候都不可忽视。

法安天下，德润人心。法律的有效实施有赖于道德支持，道德的践行也离不开法律约束。法治和德治不可分离，不可偏废，要协同发力。

制度和文化是两种不同的社会管理方式。制度一般是顺应人眼前的利益追求，讲什么能干、什么不能干，以及做了不该干的事怎么办。文化则是顺应人对长远利益的追求，强调什么该干、什么不该干。制度和文化的关系体现在三个方面：

第一，文化指导着制度。制度的背后是文化问题，不同的文化认识决定了不同的制度安排。

第二，文化要转化为看得见、摸得着的制度。文化培养人的自觉，制度则通过强制性来提高人犯错误的成本，让人尽量不犯错误。

第三，制度也会转化成文化。大家知道了什么能干、什么不能干，习惯成自然，制度也就潜移默化地转化成人的自觉，成为一种文化。

### （五）坚持传承中华优秀传统文化和弘扬时代精神相统一

中华优秀传统文化中蕴含着丰富的思想道德资源。对先人传承下来的价值理念和道德规范等，要坚持古为今用、推陈出新，有鉴别地加以对待，有扬弃地予以继承，努力用中华民族创造的一切精神财富来以文化人、以文育人。

诠释和弘扬中华优秀传统文化不是"发思古之幽情"，不是搬出祖先来说事，而是为了今天，为了以古鉴今，提醒人们在繁忙浮躁的当下，寻寻根，定定神，稳住脚步。

习近平总书记强调："为政之道，修身为本。干部的党性修养、道德水平，不会随着党龄工龄的增长而自然提高，也不会随着职务的升迁而自然提高，必须强化自我修炼、自我约束、自我改造。"身有大德，必有回响。焦裕禄、谷文昌、杨善洲、廖俊波等优秀中国共产党人，用自己的言行为广大领导干部诠释了一个共产党人应有的政德，更为今天领导干部履职尽责树立了具有时代内涵的价值坐标。

## 四、结语

中华文化是重道崇德的文化，领导干部要做新时代的仁人志士、君子贤人，就要弘大道、修大德，让新时代中国特色社会主义创造出令世界刮目相看的物质文明，焕发出令世界倍感温暖的道德之光！唯有如此，方能不负新时代；唯有如此，方能不负历史；唯有如此，方能不负习近平总书记的厚望与重托！

# 孔氏家风的理念与价值

胡亚军

家风即门风，指的是一个家庭在代代繁衍过程中，逐步形成的较为稳定的生活方式、生活作风、传统习惯、道德规范，以及待人接物、为人处世之道等，其核心内容指一个家庭思想意识方面的传统①。孔氏家族源远流长，人口众多，千古不辍，地位显赫，受人瞩目。本文所说的孔氏家族是指由同一始祖孔子繁衍下来的庞大家族。

孔氏家风体现在我国古代经典文献中，见诸孔氏家族的身体力行中，散见于历代传记、谱牒、杂记等史料中。孔子第 64 代孙孔尚贤袭封衍圣公后，为了规范族人的言行，颁布了族规《孔氏祖训箴规》，对孔氏家风进行了提升，充分体现了儒家"修身、齐家、治国、平天下"的价值追求和人生目标。

总体上来讲，孔氏家风可以归结为以下几个方面：第一，学诗学礼，诗礼传家；第二，家和睦邻，勤俭持家；第三，先义后利，力为良吏；

---

① 阎旭蕾、杨萍编著：《家庭教育新论》，北京大学出版社 2012 年版。

第四，践行忠孝，家国同构。学诗学礼强调的是读书和修身。自身修养好了，才可以处理好与他人的关系。人与人之间的关系，最基本的是与家庭亲人之间的关系，只有做到"父慈子孝""兄友弟恭"，才能实现家庭成员和睦、门风淳朴。孔氏家风把家庭伦理道德推广开来，形成一定的社会道德准则，从而实现"泛爱众"的睦邻目标。孔子后人中有不少学业精进者，出仕从政以实现自身政治抱负的也不乏其人，仅衍圣公就传承了近九百年。因此，孔氏家风中还包含着如何做官的要求，这就是"先义后利，力为良吏"。孔氏家族把个人命运、家族命运和国家命运紧密地联系起来，以此厚植"践行忠孝，家国同构"的家国情怀。

## 一、学诗学礼，诗礼传家

"忠厚传家久，诗书继世长。"这一副著名对联讲的就是忠厚做人、诗书继世、诗礼传家。诗礼传家是孔氏家风的核心，源于孔子对儿子学诗学礼的教诲。孔子不仅言传，而且身教，"吾十有五而志于学"（《论语·为政》），"发愤忘食，乐以忘忧，不知老之将至云尔"（《论语·述而》）。孔子一生勤奋学习，为弟子和子孙后代树立了光辉的榜样，给后人留下众多可学习传承的经验。

《论语·季氏》记载有"孔鲤过庭"的故事。孔子教育儿子"不学诗，无以言""不学礼，无以立"。意思就是，不学诗就不懂得怎么说话，不学礼就不懂得怎样立身。今天，矗立在孔庙承圣门内的"诗礼堂"就是当年孔子教子的见证。

现代人可能会有不解：为什么学会了诗才懂得怎么说话，掌握了礼才懂得怎样立身呢？诗、礼真的有如此大的作用吗？我们知道，周代是一个讲究礼制的社会，而鲁国是继承和保存周礼最好的诸侯国。人们的

一切社会活动和政治行为，都要在礼乐的基础上才能进行。士大夫在飨宴时，常常吟咏《诗经》中的篇目助兴，以示高雅。因此，在当时，一个人要想融入社会，必须熟练掌握诗和礼。孔子一再要求儿子必须学诗学礼。《论语·阳货》中还有一段类似的话。"子谓伯鱼曰：女为《周南》《召南》矣乎？人而不为《周南》《召南》，其犹正墙面而立也与？"孔子对伯鱼（孔鲤）说："你学习《诗经》中的《周南》《召南》了吗？人假若不学习《周南》《召南》，那不就像面对墙壁站着无法前进吗？"周南和召南都是地名，在《诗经》中指当地的民歌。

以上两则是发生在孔子与孔鲤父子间的故事，也是孔子对儿子教育的具体表现。我们从中可以看出孔子对儿子的希望，也能够了解孔鲤对学习的态度。《孔子家语》记载孔子教育儿子孔鲤要通过学习提高自己，强调了学习的重要性。孔子认为，"容体""勇力""先祖""族姓"等都是不足以称道的外在因素，只有学习才能真正提高一个人的道德修养和内在素质，学习是立世之本。孔子教育儿子是从读书识礼开始的，这就是孔氏家族历史上著名的"诗礼庭训"。

孔子后裔以学诗学礼作为祖训，以"文章道德圣人家"（孔府大门对联）为目标，以"天眷龙光匪懈精勤惟就学，祖谟燕翼大成似续在横经"（孔府忠恕堂对联）的清醒认识学诗学礼，更以"东趋家庭学诗学礼承旧业，西瞻祖庙肯堂肯构属何人"的决心继承孔子的事业。"学诗学礼，诗礼传家"经过了两千多年的传承，已成为孔氏家族的家风。所谓"不学诗，无以言""不学礼，无以立"，强调的就是读书与做人的结合、治学与修身的统一。

**（一）"不学诗，无以言"**

孔子非常重视学诗、用诗，将《诗经》作为门徒弟子、子孙后代必修必读的教材，是为了实现为用而学、学以致用的目标。孔子曾说："诗三百，一言以蔽之，曰'思无邪'。"（《论语·为政》）孔子把"诗三百"定为教材，并不是出于他个人的主观爱好，而是因为当时贵族对培育人才的风范修养有此要求。后来有的学者对"诗"的含义进行了拓展，认为诗不仅仅指《诗经》，而是指以《诗经》为代表的儒家经典和传统的思想文化。[①]

"不学诗，无以言。"这句话是孔子说给他的儿子孔鲤的，是家传至宝，足见他对学诗的重视。《史记·孔子世家》记载："三百五篇孔子皆弦歌之，以求合《韶》《武》《雅》《颂》之音。"《论语·子路》："诵诗三百，授之以政，不达；使于四方，不能专对；虽多，亦奚以为？"孔子认为学诗的目的就是"授之以政""使于四方"，而且"诵诗三百"后，"授之以政"要能"达"，"使于四方"要能"专对"。很显然，因为孔子要培养的是政治人才和外交人才，所以他的"有以言"是指政治、外交上的语言表达，是有丰富的治国方略、思想内涵又有委婉含蓄、深入浅出表现手法的语言表达。由此可以推断，孔子在这里所说的"言"，应该是指出于政治需要的语言表达，既包括思想内容，也包括表达技巧，是一种着眼于内容和形式的完整的表达能力。

**（二）"不学礼，无以立"**

立就是立身，立身要依据礼，不学礼，就没有立足社会的依据。子曰："不知命，无以为君子也。不知礼，无以立也。不知言，无以知人也。"（《论语·尧曰》）这段话也说明，不知道礼，便不能立身处世。钱

---

① 孔祥林：《曲阜孔氏家风》，人民出版社 2015 年版。

穆先生说，礼是中国的核心思想。"礼"也不仅仅是指礼仪方面的典籍，还包括以礼为代表的传统伦理道德。① 简单讲，礼是中国人一切习俗、行为的准则，或者说是中国人做人的规矩。在中国古代，人们的一切行为都要用礼来规范。孔子讲："道之以德，齐之以礼。"怎样来规范人们的行为呢？靠礼。"立于礼"就是用礼规范自己的言行，一切言行都守规矩。礼是一种全社会共同遵守的行为规范。

《论语·乡党》记载了孔子生活中的许多情形，包括在不同场合下怎样走或怎样站、对不同的人用怎样不同的态度、不同场合下不同的服饰，等等，都反映了礼的要求。我们可由此对礼有比较具体的理解。汉代刘熙《释名》："礼，体也。得事体也。"这里是说得体的行为就是礼。礼和仪的关系是"内修"和"外达"的关系。春秋时期很重视礼，把礼摆到相当高的位置。"天道有序"，一个有教养的父母应该明白社会必须有合理的秩序，教给孩子必须熟知的礼，这是对孩子的保护。也就是说，教育孩子，要学习和修身两方面一起抓，任何一方面都不可偏废，这样才能够让孩子获得学业和道德上的双重进步。

诗礼传家是孔氏家风的重要内容，源于孔子教子。学诗学礼，学得立身处世的本领后，要处理人与人之间的关系。人与人之间的关系，首先就是与亲人之间的关系，在实现与亲人和谐相处的基础上，再实现与他人和谐相处，这就涉及孔氏家风第二方面的内容——家和睦邻。

## 二、家和睦邻，勤俭持家

孔氏族规、家训具有强烈的圣裔意识，强调严格要求自己、遵守伦

---

① 孔祥林:《曲阜孔氏家风》，人民出版社 2015 年版。

理道德、践行孝悌忠信礼义廉耻等，尤其重视家和睦邻。在孔子看来，家庭伦理是十分重要的伦理规范。家有一心，有钱买金；家有二心，无钱买针。《礼记·礼运》："父子笃，兄弟睦，夫妇和，家之肥也。"《孔氏祖训箴规》："谱牒之设，正所以联同支而亲一本，务宜父慈子孝，兄友弟恭，雍睦一堂，方不愧为圣裔。"和睦一家亲，才不愧为圣人的后代。

### （一）家和

#### 1. 父慈子孝

子曰："仁者人也，亲亲为大。"（《礼记·中庸》）仁就是爱人，以亲爱亲族最为重要。父慈子孝，兄弟相爱，夫妻相敬如宾，家和万事兴。"齐景公问政于孔子。孔子对曰：'君君，臣臣，父父，子子。'公曰：'善哉！'信如君不君，臣不臣，父不父，子不子，虽有粟，吾得而食诸？"（《论语·颜渊》）父慈子孝是一个家庭的福气，是传统社会维系家庭和谐的主要伦理模式。"为人子，止于孝；为人父，止于慈"（《礼记·大学》），父亲要有父亲的样子，子女要有子女的样子，父子各有自己的社会职责和道德要求，要各自承担自己的责任、履行自己的义务。父子关系是一种双向对等的关系。父母慈，子女孝，慈与孝是相辅相成的。

#### 2. 兄友弟恭

如果说孝是从纵向讲道德规范，那么悌就是横向上的"兄友弟恭"。"悌，善兄弟也。"兄弟间相亲相爱是悌的基本要求，也是中华民族传统美德之一。《论语》中多次将孝弟（悌）联用，如："弟子入则孝，出则弟，谨而信，泛爱众，而亲仁。""其为人也孝弟，而好犯上者，鲜矣……孝弟也者，其为仁之本与！""宗族称孝焉，乡党称弟焉。"孝是敬父母，悌是敬兄长。兄弟之间和睦相处，做到长幼有序。在古代中国，家中的长兄应协助父母照顾弟妹，主持家务，若父亲早逝，长兄须担负

起抚养、教育弟妹的任务，弟妹则须"事兄如父"。悌要求弟恭，但也含有兄弟相亲、兄友弟恭的双向道德责任关系。悌，从心，从弟，即心中有弟，意谓兄弟友爱。也就是说，哥哥对弟弟友爱，弟弟对哥哥恭敬，兄弟间互爱互敬。

《论语·微子》记载："止子路宿，杀鸡为黍而食之，见其二子焉。明日，子路行以告。子曰：'隐者也。'使子路反见之。至则行矣。子路曰：'不仕无义。长幼之节，不可废也；君臣之义，如之何其废之？'"子路复述了孔子的话，"长幼之节，不可废也"。孔子认为，长幼间的关系是不可能废弃的。兄弟之间互敬互爱，讲究悌，家庭自然就会"兄弟阋于墙，外御其务"（《诗经·小雅·常棣》）。做到悌，家庭才会和谐。

此外，还要将悌推广到社会中去，使之成为处理社会关系的准则。正如孟子所说："亲亲，仁也；敬长，义也。"（《孟子·尽心上》）"四海之内，皆兄弟也。"（《论语·颜渊》）这种思想可以更好地指导人们尊重与团结他人。

3. 夫妻和睦

夫妻关系是家庭关系中最重要的关系。儒家把夫妻关系列为"三纲"之一，认为夫妻关系本于天地之德，直接影响家庭的和谐、社会的安定。儒家认为夫妻之间应该夫义妇顺、夫和妻柔。孔氏家训对此有明确规定，要求慎重嫁娶。《论语·学而》载子夏说："贤贤易色，事父母能竭其力，事君能致其身，与朋友交言而有信。虽曰未学，吾必谓之学矣。"夫妻之间要以重视德行代替重视容貌，要遵守一定的相处之道。《弟子规》："财物轻，怨何生；言语忍，忿自泯。"家里面夫妻也好，其他家人也好，有不愉快事情的时候，往往有两个原因，一是钱的问题，二是言语表述欠妥，造成摩擦冲突。所以，要把财物看轻点，这样夫妻或其他家人才不会生怨恨；言语忍让包容些，冲突怨恨自然就消失了。

## （二）睦邻

在遵守家庭伦理规范的基础上，孔氏家族对家庭成员以外的人也能够心存仁心。孔子说，晚辈在家应当孝顺父母，出外应当尊敬长辈，做事谨慎而说话诚信。这样的人会将家庭中的孝道用于所有的人，从而使整个社会形成亲如一家的氛围。由此，家庭伦理规范发展成为公民道德。

"仲弓问仁。子曰：'出门如见大宾，使民如承大祭。己所不欲，勿施于人。在邦无怨，在家无怨。'仲弓曰：'雍虽不敏，请事斯语矣。'"（《论语·颜渊》）出门办事如同去接待贵宾一样谨慎，使用百姓如同去进行重大的祭祀一样恭敬。自己不愿意做的事，不强加给别人。在邦国没有人怨恨，在卿大夫的封地里也没有人怨恨。"夫仁者，己欲立而立人，己欲达而达人。能近取譬，可谓仁之方也已。"（《论语·雍也》）仁爱的人就是要想自己立得住，也使别人立得住；要想自己通达，也使别人通达。一个人如果能就近以自身为例作比方，可以说是实行仁德的方法了。

"爱人""立人""达人"中的"人"均泛指相对于自己的他人。人与人交往要相互尊重，将心比心，设身处地为别人着想。孟子说："老吾老以及人之老，幼吾幼以及人之幼。"他主张把孝慈推广开来。爱自己的父母，也爱别人的父母，爱自己的孩子，也爱别人的孩子。人们如果都能做到这一点，天下大同就容易实现了。"入则孝，出则弟，谨而信，泛爱众，而亲仁。"（《论语·学而》）从社会层面看，对待兄长要恭敬，对待弟弟要爱护；对待朋友要"言而有信"，朋友有困难，应伸出援助之手，若"朋友死，无所归"，则"于我殡"；对待老人，要尊敬照顾他们，使老有所养；对待穷者，要及时救助，如孔子接济原宪，同时鼓励他接济周围的人，而对于富者如子华之母，则不必多予，"君子周急不继富"

（《论语·雍也》），从而达到"君子敬而无失，与人恭而有礼。四海之内，皆兄弟也"（《论语·颜渊》）的理想状态。孔氏家族奉行的很多道德规范，诸如诚信、谦恭等，经过两千多年的传承，已成为孔氏家族的家风。

**（三）勤俭持家**

在孔子看来，勤俭持家很重要。卫国的公子荆廉洁勤俭，得到孔子的赞扬："善居室。始有，曰：'苟合矣。'少有，曰：'苟完矣。'富有，曰：'苟美矣。'"（《论语·子路》）他对卫公子荆善于居家过日子，增加一点就满足的思想表示赞赏。孔子提出"戒奢宁俭"的持家之道。孔子说："君子食无求饱，居无求安，敏于事而慎于言，就有道而正焉，可谓好学也已。"（《论语·学而》）孔子主张"食无求饱"，不要对生活有过高的奢望。事事都谨慎些，就可能少出问题。《论语·子罕》记载："子欲居九夷。或曰：'陋，如之何！'子曰：'君子居之，何陋之有？'"孔子想搬到九夷去住。有人说："那地方太简陋了，怎么住！"孔子说："君子住在那儿，有什么简陋的呢？"可见，孔子对食、居的要求很低。

孔子不光提倡食、居之大俭，也提倡节俭从小处入手。《论语·子罕》："子曰：'麻冕，礼也；今也纯，俭，吾从众。拜下，礼也；今拜乎上，泰也。虽违众，吾从下。'"孔子说，用麻冕来做礼帽，是符合礼的；现在用丝料来做，这样更节俭，我同意大家的做法。臣子见国君，先在堂下拜，这是符合礼的；现在都在堂上拜，这是骄纵的表现。虽然违反大家的做法，我依旧在堂下拜。孔子认为用丝做帽子更节俭，表示赞同，说明孔子在对待礼上，只要不是原则问题，也是提倡节俭的。这体现了孔子"礼，与其奢也，宁俭"的思想。子曰："奢则不孙，俭则固。与其不孙也，宁固。"（《论语·述而》）奢侈就会不谦逊，节俭了就会鄙陋。与其不谦逊，宁可鄙陋。因为节俭是符合礼的。

## 三、先义后利，力为良吏

孔氏子孙中有很多做官的，仅衍圣公就传承了近九百年，因此，孔氏家风中也有关于如何做官的规范和要求，那就是"先义后利，力为良吏"。《孔氏祖训箴规》强调："崇儒重道，好礼尚德，孔门素为佩服。为子孙者，勿嗜利忘义，出入衙门，有亏先德。"崇儒重道，好礼尚德，向来是孔门传统。作为孔氏子孙，不能嗜利忘义，不能做出有损祖先德行的事情。也就是说，要重视义，努力做好官。

### （一）义利观

"为子孙者，勿嗜利忘义"，告诫子孙后代要正确处理好义与利的关系。孔子认为，义利不可分割，但应以义为先、以义制利。孔氏家族先义后利、义利统一的伦理价值观，就是以重义轻利为特征的义利观。

1.求利是人之所欲

孔子说："富与贵，是人之所欲也；不以其道得之，不处也。贫与贱，是人之所恶也；不以其道得之，不去也。"（《论语·里仁》）富有和尊贵是人人都想要的，但不用正当的方法得到它，就不会接受。贫困和低贱是人人都所厌恶的，但不用正当的方法摆脱它，就不会摆脱。孔子一方面承认追求物质利益为人之常情，他说："富而可求也，虽执鞭之士，吾亦为之。"（《论语·述而》）另一方面强调这一追求必须依道而行，必须符合社会公认的道德准则，做到"君子爱财，取之有道"。他认为统治者要重视民利，应"因民之所利而利之"（《论语·尧曰》），满足人民的这种求富心理。孔子从自身出发，指出追求财富是人的普遍心理，是一般人都具有的欲望。

在孔子看来，义是衡量人们的求利行为是否正当的标准。孔子曾讲：

"君子喻于义，小人喻于利。"（《论语·里仁》）这句话最能体现孔子的义利观。孔子认为，对于君子，对于通晓大理的人，对于管理者，应当昭明大理、申明大义。孔子提出，"君子义以为上""君子义以为质"。孔子在此明确指出，义是君子最高尚的标准，是做人的根本，应当成为人之内在本质。对于管理者，对于统治者，孔子极力主张为了更好地管理，应当舍私利而慕大义，弃私利而求公利，应当"质直而好义"，"上好义，则民莫敢不服"，"言不及义，好行小慧，难矣哉"。从某种程度上讲，取义、尚义、重义、守义是治国治民的重要方法，"见利思义，见危授命，久要不忘平生之言，亦可以为成人矣"。

2. "欲而不贪"

"子张问于孔子曰：'何如斯可以从政矣？'子曰：'尊五美，屏四恶，斯可以从政矣。'"（《论语·尧曰》）孔子所说的五种美德中就有"欲而不贪"。孔子对此的解释是："欲仁而得仁，又焉贪？"（《论语·尧曰》）自己想要仁德便得到了仁德，又贪求什么呢？孔子对传说中为政清廉的尧、舜、禹大加赞美。他说："舜、禹之有天下也，而不与焉。"舜和禹得到天下，不是夺过来的。这既是对舜和禹虽有天下而不谋私利、不贪图个人享受的称赞，也是对当时诸侯不廉洁行为的批评。《论语·子罕》："子罕言利，与命，与仁。"这是孔子的弟子在评论孔子时说的一句话。

（二）做好官

《孔氏祖训箴规》强调："子孙出仕者，凡遇民间词讼，所犯自有虚实，务从理断而哀矜勿喜，庶不愧为良吏。"做官的子孙一定要做到公平公正、理性判断，做贤能的官吏。他们奉祀先祖，为政以德，由此成为"不愧为良吏"的官之典范。比如，孔子第9代孙孔藂、第14代孙孔光、第40代孙孔纬、第45代孙孔道辅等，都在当时作出了突出贡献。孔子第

53 代孙孔治为官时，就有"孝友仁厚，公谨廉明"的美誉。孔子第 57 代孙孔讷为人严谨，天性仁孝，乐善好施，对无力婚葬的乡邻，时常解囊相助。明崇祯十三年（1640），山东发生灾荒，孔子第 65 代孙孔胤植奏请免除粮税，并出钱物救济灾民。

不单是衍圣公遵循祖训，好礼尚德，同门第 67 代孙孔毓珣也在《孔氏祖训箴规》的教化下为官一任，造福一方，成为一代良吏。他在为官期间，根据当地风俗施政，去除社会弊端，使居民得以安宁生活。迁任湖广上荆南道，筑堤捍江，被百姓称为"孔公堤"。升广西总督，对官府控制的储备粮仓进行调查核实，并且春耕时期，借粮给百姓，秋收时期收回，年成好的时候，加收利息，年成不好的时候，免除利息，荒年几乎没有收成的时候，允许次年偿还本钱。雍正皇帝召见孔子第 70 代孙孔广棨时，不由感慨道："至圣先师后裔，当存圣贤之心，行圣贤之事，一切秉礼守义，以骄奢为戒。"

以上这些孔氏族人都深受诗礼传家、为政以德和勤廉家风的影响，成为官之典范。

历代衍圣公都在孔府里办公和生活，孔府的一景一物、一石一树均受博大精深的儒家思想的泽被，以及为政以德的孔氏家风的熏陶。如戒贪图，孔府是一座住宅与官衙合一的建筑，宅与衙分界处有一道内宅门，门背面有一幅特殊的彩色壁画，上面有一头貌似麒麟的神兽，叫作猋。壁画中，猋的四周布满彩云，彩云中全是被它占有的宝物，但猋并不满足，仍张着血盆大口，妄图将太阳吞入腹中，终因贪得太多，难以承载，落了个葬身大海的下场。孔府内宅门照壁上的这幅画名为"戒贪图"，绘于明代，其用意非常明显，那就是借猋的丑恶形象告诫子孙，切不可贪婪纵欲。孔府主人衍圣公请工匠绘制戒贪图时，还立下一个特殊的家规：

每当衍圣公从内宅出来路过照壁时，跟班的差人必须高喊一声："公爷过猴了！"表面上是出于礼仪向外通报衍圣公要出门，实则是提醒衍圣公到外面后，一定要以德为本，保持清廉俭朴的良好形象。

再如"冷板凳"，孔府大堂和二堂是衍圣公处理政务的办公场所，大堂与二堂连接的穿堂厅内有两条长凳，被本地人称为"冷板凳"。"冷板凳"背后的故事发生在明代，一代权臣严嵩被弹劾、将被治罪时，专程到孔府请当时的衍圣公出面为他说情。严嵩与孔府的关系非同寻常，有姻亲关系，严嵩的孙女嫁给孔子第 64 代嫡孙、衍圣公孔尚贤。权倾天下的严嵩因其倒行逆施变成万民唾骂、朝野共讨的罪臣，他想利用衍圣公圣人之后的特殊身份，让衍圣公到嘉靖皇帝那里为自己说情免罪。严嵩急匆匆地赶到孔府后，经仆人禀告多时，不见回音，就坐在穿堂厅内的红色长凳上等待。严嵩坐等了一天，但衍圣公孔尚贤不徇私情，始终不予接见。严嵩无果而返，没过多久就被朝廷查办。对此，后人有诗曰："敦实红漆阁老凳，观者嬉笑讽严嵩。权奸当道多显贵，身败难求衍圣公。"这也生动展现了诗礼传家、深受勤廉家风影响的孔氏后裔风范。

我们一提到孔子，必然会想到他十几年的流亡生涯。他在周游列国的过程中，过得非常困顿，其实他完全可以选择不去周游列国，但是他就像历史上所有的清官一样，不想做贪官，触怒了既得利益者，被迫周游列国。在周游列国的过程中，他经常缺衣少食，饿得站不起来，跟随他的学生为孔子鸣不平。这时候，孔子教育学生说："不患无位，患所以立；不患莫己知，求为可知也。"不担忧没有职位，担忧有没有安身立命的本领；不担忧没有人了解自己，只求自己成为值得被人们了解的人。孔子在饿得站不起来的情况下，还能够坚守先义后利的气节，真的是让人佩服、感动。

2015 年 10 月发布的《中国共产党廉洁自律准则》明确要求，党员领导干部要廉洁齐家，自觉带头树立良好家风。孔子讲："君子坦荡荡，小人长戚戚。"志向高远的人眼界宽阔，心胸坦荡，不会在利益上斤斤计较，这样的人为官通常能够清廉勤政；而胸无大志的人多鼠目寸光，拿了不该拿的东西，心理负担很重，坐不住，站不稳，忐忑忑忑。领导干部要经常提醒自己：做到先义后利了吗？服务与奉献是如何体现的？只有这样时刻警醒自己，才能像孔氏家族提出的那样，做到"先义后利，力为良吏"。

## 四、践行忠孝，家国同构

孔氏家族具有一种深厚的家国情怀，主张以家庭伦理构建政治秩序，以天下为己任，努力实现大仁大爱，为了实现国家利益、民族利益，要努力拼搏。孔子在回答"为什么不从事政事"这个问题时，甚至直接把传播孝悌之道视为政治："'孝于惟孝，友于兄弟，施于有政。'是亦为政，奚其为为政？"（《论语·为政》）一个人孝顺父母，友爱兄弟，把这个孝悌的道理传布到当政者那里，就是在从政，要不怎样才算是从政呢？在家为孝就类似于在国行忠，所以"孝慈则忠"（《论语·为政》）。在孔子看来，家和国是统一的，孝和忠是统一的，从政与施教合而不分。鲁定公问："君使臣，臣事君，如之何？"孔子对曰："君使臣以礼，臣事君以忠。""君使臣以礼"是"臣事君以忠"的前提。中国古代社会是家国同构的社会形态，父子与君臣在某种意义上是一样的，君臣即父子。由此，亲子之孝演化为君臣之忠，忠孝一体。孔子还说："教以孝，所以敬天下之为人父者也。教以悌，所以敬天下之为人兄者也。教以臣，所以敬天下之为人君者也。"（《孝经·广至德》）家与国这两个重要的人类联合体之间有一致性。

《孔氏祖训箴规》强调："孔氏子孙徙寓各州县，朝廷追念圣裔，优免差徭，其正供国课，只凭族长催征，皇恩深为浩大，宜各踊跃输将，照限完纳，勿误有司奏销之期。"孔氏子孙徙居于各州县，朝廷追念你们是圣人后代，优抚免除徭役，应当缴纳的国家税收只通过族长征收，皇家恩宠实在盛大，孔氏子孙理应踊跃缴纳赋税，按期足额缴纳，不要耽误了官府上报征收钱粮的期限。

孔氏家风还强调要将个人命运与国家命运紧密结合起来。"邦有道，贫且贱焉，耻也；邦无道，富且贵焉，耻也。"（《论语·泰伯》）国家政治清明，而自己贫贱，是耻辱；国家政治昏暗，而自己富贵，也是耻辱。

中国古代文化特别是儒家文化，不仅在家国一体的宗法等级的基础上形成了一系列伦理道德规范，而且形成了一整套以家国一体为基础的道德教育模式及方法。儒家强调人生在世，要以立德为本，而立德要以孝为本。在家为孝，在国为忠。以孝促忠，以血缘关系促等级秩序，以齐家作为治国、平天下的重要基础。在家能孝悌者，在外能忠义。人人若能在家知孝悌，在外知忠义，则"家齐""天下平"。

两千五百多年前，孔子站在河边慨叹："逝者如斯夫！不舍昼夜。"今天，众多孔子后裔站在《孔子世家谱》前，向这位"大成至圣""万世师表"的先祖表达心中最崇高的敬仰。这是孔子后裔秉承祖训、诗礼传家的庄严承诺，也是我们传承和弘扬中华优秀传统文化的具体行动。

## 五、结语

在新时代，干部之家应该有什么样的家风呢？孔氏家风作为传统家风给我们提供了范例。此外，老一辈革命家早就用实际行动给我们做出了表率。习近平总书记指出："在培育良好家风方面，老一辈革命家为我们作出了榜样。"

　　孔氏家风作为传统家风的典范，对新时代领导干部的家风建设具有很强的借鉴意义。第一，孔氏家风启示领导干部要以学兴家。第二，孔氏家风启示领导干部要以爱暖家。第三，孔氏家风启示领导干部要以俭持家。第四，孔氏家风启示领导干部要以廉保家。第五，孔氏家风启示领导干部要树立家国情怀。好的家风如同无声的教诲，助人立德立言、成人成才，让人铭刻在心、受益无穷。

# 领导干部应做新时代的君子

种淑娴

　　"天行健，君子以自强不息。""地势坤，君子以厚德载物。"《周易》中的这两句话，我们大家广为熟悉。自强不息，是中华民族筚路蓝缕、不懈奋斗的生动写照；厚德载物，展现了中华民族海纳百川、宽厚包容的胸襟气度。而君子，则是经千年岁月历久弥新，于今天依然具有鲜活时代价值的理想人格标准。今天站在"两个一百年"的历史交汇点上，推进中华民族伟大复兴，需要我们以更加饱满的状态担当作为、不断奋进。中华优秀传统文化中有许多"跨越时空、超越国度、富有永恒魅力、具有当代价值"的文化精神。作为中华儿女，尤其是广大领导干部，更应该把这些精神传承下去。当然，这种传承必须要像习近平总书记反复强调的那样，要进行创造性转化、创新性发展，赋予其新的时代内涵。

　　习近平总书记在党的十九大报告中指出："文化是一个国家、一个民族的灵魂。文化兴国运兴，文化强民族强。没有高度的文化自信，没有文化的繁荣兴盛，就没有中华民族伟大复兴。"我们从这段表述中可知，中华民族的伟大复兴必然伴随着文化的繁荣兴盛。

2021 年 3 月，习近平总书记考察福建期间，来到朱熹园，了解朱熹生平及理学研究等情况。在随后的讲话中，习近平总书记表示："我们走中国特色社会主义道路，一定要推进马克思主义中国化。如果没有中华五千年文明，哪里有什么中国特色？如果不是中国特色，哪有我们今天这么成功的中国特色社会主义道路？我们要特别重视挖掘中华五千年文明中的精华，把弘扬优秀传统文化同马克思主义立场观点方法结合起来，坚定不移走中国特色社会主义道路。"在这里，习近平总书记再次强调，实现中华民族的伟大复兴，要坚定走好中国特色社会主义道路，要重视挖掘中华文明中的精华，弘扬中华优秀传统文化。

据英国著名史学家阿诺德·约瑟夫·汤因比统计，人类漫长的历史进化过程中，曾先后出现过 26 种较有影响的文明。然而，由于内部的或外在的影响，只有少数几种文明被完整保存了下来。中华文明是四大文明中唯一没有断流、延续至今的古老文明。2017 年 11 月，国家主席习近平和夫人彭丽媛与来华进行国事访问的美国总统特朗普和夫人梅拉尼娅共同参观故宫。在参观完故宫前三殿后，习近平向特朗普介绍了中国悠久的历史文化。他说："文化没有断过流的，始终传承下来的只有中国……我们这些人也是原来的人。黑头发、黄皮肤，传承下来，我们叫龙的传人。"我们每一个人都有这样的责任、这样的历史使命，来传承和弘扬好我们的传统文化，推动中华文明的发展进步。

接下来我们要探讨，评估文明的标准是什么？辜鸿铭早已给出了答案。他说，在我看来，要估价一个文明，我们最终必须问的问题，不在于它是否修建了和能够修建巨大的城市、宏伟壮丽的建筑和宽广平坦的马路；也不在于它是否制造了和能够造出漂亮舒适的家具、精致实用的工具、器具和仪器，甚至不在于学院的建立、艺术的创造和科学的发明。

要估价一个文明，我们必须问的问题是，它能够生产什么样子的人，什么样的男人和女人。事实上，一种文明所生产的男人和女人——人的类型，正好显示出该文明的本质和个性，也显示出该文明的灵魂。他还明确指出，孔子全部的哲学体系和道德教诲，可以归纳为一句话，即君子之道。

抓住事物的根本，牵住"牛鼻子"，才能事半功倍。我们传承和弘扬中华优秀传统文化，推动文明进步，实现中华民族的伟大复兴，担当起新时代的历史使命，就要抓住"人性塑造"这个关键，借鉴儒家智慧，培育新时代君子。党风关系政风，影响社风。换句话说，领导干部应该成为新时代的君子。下面从三个方面展开论述。

## 一、"君子"的起源与发展

"君子"一词最早源于"君"这个古字。《仪礼·丧服传》："君，至尊也。"注："天子诸侯及卿大夫有地者皆曰君。"《说文解字》释"君"："尊也，从尹。发号，故从口。"《汉字图解字典》释"君"："会意字。《说文》：'君，尊也。从尹，发号，故从口。'古字形上部像一只手拿着权杖，下部的口表示发号施令。"由此可见，"君"字的本意是有权的人，古史中有诸多与"君"有关的称谓，如"国君""君王""君主""储君""平原君""商君"等。"子"在当时是对贵族男子的敬称。"君子"的含义非常清晰，即"有社会地位的贵族男子""有位者"。

这一点可以从一些古代经典（如《尚书》《诗经》等）中看出来。

《尚书》主要记载了虞、夏、商、周时期的史事，偏向于政治方面。后人读《尚书》可知先贤治政之本，可知朝代兴废之由，可知个人修身之要。《尚书》是政书之祖、史书之源。"君子"一词合称最早见于《尚书·无逸》："周公曰：呜呼！君子所，其无逸。"周公说君子处于王的位置，不应只求安逸。此处的"君子"是对王的称呼。

《诗经》是我国最早的一部诗歌总集，收集了西周初年至春秋中叶（前11世纪至前6世纪）的诗歌，共311篇，其中6篇为笙诗，即只有标题，没有内容。《诗经》反映了西周初年至春秋中叶广阔的社会面貌。"君子"一词在《诗经》中大量出现，含义丰富，已逐渐具有了一些道德属性。"未见君子，忧心忡忡。"出自《诗经·召南·草虫》，表达了妻子对丈夫的思念之情。这是"君子"用语平民化的表现。

"君子"一词最初是一种关于身份地位的概念，后来才有道德品质这一内涵，这是一个长期演变的过程。春秋末期，孔子创立了儒家学派，做出了一个重大调整和贡献，就是扩大了"君子"的含义，赋予其"有德者"的新义。"君子"一词在《论语》中出现100多次，仅有10多处指执政者，其余主要指向道德人格。《论语》一书多次提到圣人，但孔子明确说："圣人，吾不得而见之矣；得见君子者，斯可矣。"这表明，君子是孔子心目中一种崇德向善的人格，不是高不可攀的，是可学可做的人格范式。

## 二、儒家君子的德行表现

### （一）君子的道德表现

在《论语》中，孔子实际上把"有德者"应当具备的各种美德，如仁、义、礼、知、信、勇、和、中、忠、孝、悌、勤、廉、耻等，都打上了君子的烙印。君子是具有美德的人，我们不可能尽述这些美德。我们常常把这些美德总结为"五常"（仁义礼智信）、"八德"（孝悌忠信礼义廉耻）。下面围绕"五常"来阐释。

1. 仁——君子的道德根基

《说文解字》："仁，亲也。从人从二。"从人，表示一个站立的人，是说仁德是每一位站立的人应具备的基本品德。从二，有两层含义。一是代表数字二，复数，指不仅是我一个人，还有我以外的很多人。老吾老以及人之老，幼吾幼以及人之幼，将心比心地对待每一个人。二是代表天、地，指做人要效法天地。中国传统文化中有天、地、人三才之说。仁字从二不从三，即要化掉个人之心，只怀天地心，以天性善良、地德忠厚的心来为人处世。有大爱包容之心，自会产生仁心。

樊迟问仁于孔子，孔子回答"爱人"。仁的本质是爱。儒家的仁爱是差等之爱，就如投石于水中而形成的涟漪一般，由内及外地向外延伸。最内一层是血缘亲情之爱，仁爱首先要爱自己的父母、兄弟姐妹等，这是最基本的爱。《孝经》中说："不爱其亲而爱他人者，谓之悖德。不敬其亲而敬他人者，谓之悖礼。"这也就是孟子所说的"亲亲"。第二层是社会之爱，也就是"仁民"。我们在爱自己亲人的基础上，可以打破血缘和家族的界限，关爱社会上其他人，营造良好和谐的社会关系。第三层是爱物，关爱社会上的万事万物，与自然和谐相处。

2019 年 3 月，意大利众议长菲科在同习近平主席举行会见，临近结束时，突然抛出"您当选中国国家主席的时候，是一种什么样的心情？"这一问题。习近平主席的回答意味深长，他说，（中国）这么大一个国家，责任非常重、工作非常艰巨。我将无我，不负人民。我愿意做到一个"无我"的状态，为中国的发展奉献自己。他又说，一个举重运动员，最开始只能举起 50 公斤的杠铃，经过训练，最后可以举起 250 公斤。我相信可以通过我的努力、通过全中国 13 亿多人民勠力同心来担起这副重担，把国家建设好。我有这份自信，中国人民有这份自信。

这个回答是习近平总书记赤子之心的生动写照，也指出了新时代中国共产党人在理想信念、价值理念、人格操守以及行为取向等层面应具备的道德自觉。君子是仁者，有仁爱之心。中国共产党人是新时代君子，就要把内心深处那片最柔软的地方留给广大人民，始终对人民的疾苦感同身受，始终将人民对美好生活的向往作为自己的奋斗目标。民心向背决定兴衰成败，仁者无敌。我们党除了最广大人民的利益，没有自己特殊的利益。肩负中华民族复兴的伟大使命，身处"世界百年未有之大变局"，中国共产党人就要有为人民而忘我乃至无我的境界，牢固树立为人民服务和奉献的精神。

2. 义——君子的价值尺度

义是"義"的简体字，甲骨文中，"義"是用刀斧屠宰牛羊以祭祀的会意字。在古代，杀牲祭祀是必须办理的重大事情，由此引申为正当的、合宜的、应该的、公正的等含义。冯友兰先生说，道德方面的应该，无条件的应该，就是所谓义。

义是君子的价值尺度，引导人们做正确的事情。要在财利面前不迷惑——"君子喻于义，小人喻于利"，"不义而富且贵，于我如浮云"，"富与贵，是人之所欲也；不以其道得之，不处也。贫与贱，是人之所恶也；不以其道得之，不去也。君子去仁，恶乎成名？君子无终食之间违仁，造次必于是，颠沛必于是"，要始终做到"君子爱财，取之有道"。

义是民族大义，有时需要舍生取义。金乡英雄王杰为了保护在场的12名民兵和人民武装干部，毅然扑向炸药包。在电影《金刚川》中，为了取得更大的胜利，炮手点火将自己暴露在美军轰炸机下。

3. 礼——君子的行为规范

礼是会意字，从示，从豊。豊是行礼之器，在字中也兼表字音。本

义为举行仪礼，祭神求福。

孔子特别推崇周礼，他提出"君子博学于文，约之以礼""克己复礼""非礼勿视，非礼勿听，非礼勿言，非礼勿动"，意在借用"礼"，潜移默化地使人的内在道德理性（即"仁"）日趋呈现，最后达到塑造君子人格的目的。

儒家提倡的礼具有非常宽泛的约束作用，从多个角度约束和规范着人的行为。子曰："恭而无礼则劳，慎而无礼则葸，勇而无礼则乱，直而无礼则绞。"（《论语·泰伯》）李炳南先生在《论语讲要》中说，恭敬、谨慎、勇敢、直率都是很好的行为，但若违背礼节，那就有弊病。在这里，孔子强调了礼的重要性。虽做好事，也要以礼来节制，始无流弊。

"礼之用，和为贵。"以礼修身，以礼治国，最终要实现各安其位、各尽其责的目标。每个人都清楚自己的角色定位，明白自己的责任，并努力承担相应的义务。"君君、臣臣、父父、子子"，这就叫"正名"。每个人都努力提升自己，使自己成为君子，才能让社会更和谐。

> 子路曰："卫君待子而为政，子将奚先？"子曰："必也正名乎！"子路曰："有是哉，子之迂也！奚其正？"子曰："野哉由也！君子于其所不知，盖阙如也。名不正，则言不顺；言不顺，则事不成；事不成，则礼乐不兴；礼乐不兴，则刑罚不中；刑罚不中，则民无所措手足。故君子名之必可言也，言之必可行也。君子于其言，无所苟而已矣。"（《论语·子路》）

正名是孔子思想的重要组成部分。正名的具体内容就是"君君、臣臣、父父、子子"，"名正"才可以做到"言顺"，接下来的事情才能迎刃而解。

**4. 智——君子的发展基础**

智是明辨是非的能力，孟子说："是非之心，智之端也。"明辨也包括对自己有清醒的认知，能认清自己、把握自己。孔子说："知之为知之，不知为不知，是知也。"（《论语·为政》）儒家谈智，有时不明说，而是蕴含在修身为政的一些表述中。子张学干禄。子曰："多闻阙疑，慎言其余，则寡尤。多见阙殆，慎行其余，则寡悔。言寡尤，行寡悔，禄在其中矣。"（《论语·为政》）子张请教求得官职俸禄的方法。孔子说："多听，把不明白的事情放到一边，谨慎地说出那些真正懂得的，才能少犯错误。多观察，不明白的就保留在心中，谨慎地实行那些真正懂得的，才能减少懊悔。言语少犯错误，行动少后悔，自然就有官职俸禄了。"这是为官从政的大智慧。

有大智慧的人会知止且行有所止，守好底线，不碰红线，不触高压线。《大学》讲："知止而后有定，定而后能静，静而后能安，安而后能虑，虑而后能得。物有本末，事有终始，知所先后，则近道矣。"

**5. 信——君子的操守准则**

君子重诺笃信，言而有信，把忠信作为立身之本，"君子不重则不威，学则不固。主忠信"（《论语·学而》）。个人要讲诚信，这是立足社会的基础。孔子说："人而无信，不知其可也。大车无輗，小车无軏，其何以行之哉？"（《论语·为政》）当子张问"行"时，孔子说："言忠信，行笃敬，虽蛮貊之邦行矣。言不忠信，行不笃敬，虽州里行乎哉？"（《论语·卫灵公》）

信还指公信力，主要是说政府和组织要有公信力。子贡问政。子曰："足食，足兵，民信之矣。"子贡曰："必不得已而去，于斯三者何先？"曰："去兵。"子贡曰："必不得已而去，于斯二者何先？"曰："去食。自

古皆有死，民无信不立。"（《论语·颜渊》）孔子在这里指出，一个国家如果不能得到百姓的信任，就会垮掉，也就是说，政府如果没有公信力，就得不到百姓的支持和信任。

### （二）君子的担当

儒家强调以天下为己任，担当起应该担当的责任和义务。《论语》中论述担当的地方有很多。

子路问君子。子曰："修己以敬。"曰："如斯而已乎？"曰："修己以安人。"曰："如斯而已乎？"曰："修己以安百姓。修己以安百姓，尧舜其犹病诸！"（《论语·宪问》）君子不是为一己谋生，而是为天下人谋生。

曾子曰："可以托六尺之孤，可以寄百里之命，临大节而不可夺也。君子人与？君子人也。"（《论语·泰伯》）曾子说："可以把幼小的孤儿托付给他，可以把国家的命脉寄托于他，面临安危存亡的紧要关头，能够不动摇屈服。这样的人是君子吗？这样的人是君子啊。"辅佐幼君而不篡权、执掌国政而不越位、危难时刻不动摇，曾子列举的这三项都是国家大事，无才无德的人是不能胜任的。所以君子要想有担当，必须德才兼备。

张载心中的担当即"为天地立心，为生民立命，为往圣继绝学，为万世开太平"。当代哲学家冯友兰将其称作"横渠四句"。由于言简意宏，一直被人们传颂不衰。天地本无心，但人有心，君子以仁爱之心为天地立心，立仁民爱物之心。张载认为，人只有通过自己的努力，才能够在精神价值方面掌握自己的命运，从而赋予生命意义。因此，"为生民立命"是说为民众选择正确的方向，确立生命的意义。"往圣"指历史上的圣人。儒家所说的圣人其实就是人格典范和精神领袖。"绝学"指中断了的学术传统。理学家普遍认为，儒家学统自孟子之后就中断了，所以要努力恢复。"为万世开太平"，"太平""大同"等观念是周公、孔子以来的社会政治理想，到北宋，以范仲淹等为代表的政治家、思想家都提出过"致太平"的主张。张载的贡献在于他不局限于当下的太平秩序，而是以更深远的视野谋求万世的太平，这是他的不凡之处。

子曰："不知命，无以为君子也。"（《论语·尧曰》）这句话是儒家担当精神的最好诠释。这里的"命"有三层含义：性命、使命、命运。人首先要理解并拥有人之所以为人而非鸟兽的性命。其次，承担责任就要做好角色分工，也就是要意识到并承担做人的责任，履职尽责，完成自己的使命。最后，对于经过个人所有努力而得到的事情的结果、事态的结局等，不管是否如意，都要有清醒的认识，理性承受，我们姑且称之为"命运"。

基辛格曾经说过，中国人一直都是幸运的，他们总是被最勇敢的人保护得很好。中华民族是历史悠久、文化璀璨、英雄辈出的民族。从古到今，在危难时刻、紧要关头，总有一些人、一些群体不顾个人安危，挺身而出，做着有利于人民、有利于社会发展的事情，他们是勇敢的人，是民族之魂！他们的所作所为折射出一种源远流长、亘古不变的精神气节。

2020年初发生新冠疫情以后，许多人舍小家为大家，他们顾不得休息，奋斗在一线；为了救治病人，他们不顾个人安危，逆行去疫区，这其中有医护人员、军人、警察、千千万万的普通大众……虽然我不知道你们是谁，但我知道你们为了谁。他们是最美逆行者，向他们致敬！鲁迅先生说，我们从古以来，就有埋头苦干的人，有拼命硬干的人，有为民请命的人，有舍身求法的人……虽是等于为帝王将相作家谱的所谓"正史"，也往往掩不住他们的光耀，这就是中国的脊梁。

### 三、领导干部如何成为新时代的君子

#### （一）"士志于道"——树立坚定的理想与信念

子曰："志于道，据于德，依于仁，游于艺。"（《论语·述而》）"志于道"就是立志要高远，要有一个境界。君子求道理想的树立不是功利计算的结果，而是源于"上天"的使命。孔子研究院里有一块非常醒目的牌坊，上面写着"志道据德""依仁游艺"。君子要树立远大志向，不断涵养道德，培养仁爱之心、高雅情趣、高强技艺。

君子是综合发展的人才。子曰："君子谋道不谋食。耕也，馁在其中矣；学也，禄在其中矣。君子忧道不忧贫。"（《论语·卫灵公》）君子要有天下情怀，不能仅考虑个人的丰衣足食，而且要为天下百姓谋福祉。一个志于道的人不会过于看重衣食住行，而是把求道作为目标追求，哪怕求道、得道的路途艰苦，只要能感受到"道"的真谛和精妙，也是没有遗憾的。为了得道，必要时会"舍生而取义""杀身以成仁"。

中国共产党人的"道"就是实现共产主义，就是全心全意为人民服务的宗旨，就是"为中国人民谋幸福，为中华民族谋复兴"的初心和使命，为此，我们要树立坚定的共产主义理想和信念。

钱学森（1911—2009），吴越王钱镠第 33 世孙，世界著名科学家、空气动力学家，中国载人航天奠基人。由于钱学森回国效力，中国导弹、原子弹的发射至少向前推进了 20 年。钱学森师从世界著名的科学家冯·卡门，在 28 岁时就成为世界知名的空气动力学家。他在美国住洋房、开汽车，享受着高级别的专家待遇。但在祖国需要时，他毅然决然地回国。为此，他受迫害达五年之久，被审问、监禁、关押，书稿被毁，家人难见……但这些都阻不断他回国的决心。在周恩来总理和夫人蒋英等人的争取和斡旋下，1955 年 10 月 1 日，钱学森和家人回到了自己深爱的祖国，为中国的航天事业贡献了一生。他被评为"2007 年度感动中国年度人物"。"感动中国"组委会授予钱学森的颁奖词写道："在他心里，国为重，家为轻，科学最重，名利最轻。五年归国路，十年两弹成。开创祖国航天，他是先行人，披荆斩棘，把智慧锻造成阶梯，留给后来的攀登者。他是知识的宝藏，是科学的旗帜，是中华民族知识分子的典范。""感动中国"推选委员阎肃曾这样评价钱学森：大千宇宙、浩瀚长空，全纳入赤子心胸。惊世两弹、冲霄一星，尽凝铸中华豪情，霜鬓不坠青云志。寿至期颐、回首望去，只付默默一笑中。

2016 年 7 月 1 日，在庆祝中国共产党成立 95 周年大会上，习近平总书记强调指出："'志不立，天下无可成之事。'理想信念动摇是最危险的动摇，理想信念滑坡是最危险的滑坡。一个政党的衰落，往往从理想信念的丧失或缺失开始。我们党是否坚强有力，既要看全党在理想信念上是否坚定不移，更要看每一位党员在理想信念上是否坚定不移。"

缺乏理想信念，就会不信马克思列宁主义，会成为"两面人"。2016 年 1 月，习近平总书记在十八届中央纪律检查委员会第六次全体会议上指出："我说过'两面人'的问题，大量案件表明，党内有一些人在这方面问题很突出。有的修身不真修、信仰不真信，很会伪装，喜欢表演作秀，表里不一、欺上瞒下，说一套、做一套，台上一套、台下一套，当面一套、背后一套，手腕高得很；有的公开场合要党员、干部坚定理想信念，背地里自己不敬苍生敬鬼神，笃信风水、迷信'大师'。"

### （二）"君子学以致其道"——要有加强修养、不断发展完善的意识

子夏曰："百工居肆以成其事，君子学以致其道。"（《论语·子张》）百工成事与君子致道都是通过自身努力实现的。所以，子夏便借人们熟

悉的百工成事来比喻抽象的君子致道。子夏强调成事的必备条件是个人努力。不管是谁，不管他做什么，要想有所成就，就必须努力学习，只有这样才能有所收获，才能"成其事"。事实上，要达到君子的标准，是要穷尽一生精力的。孔子说："吾十有五而志于学，三十而立，四十而不惑，五十而知天命，六十而耳顺，七十而从心所欲，不逾矩。"（《论语·为政》）孔子临终回顾自己的一生，依旧是战战兢兢，如临深渊，如履薄冰。

儒家强调学习要贯穿终身，而且要与思考和实践紧密结合起来。"吾尝终日不食，终夜不寝，以思，无益，不如学也。"（《论语·卫灵公》）空想不成事！子曰："学而不思则罔，思而不学则殆。"（《论语·为政》）一味读书而不思考，就会因为不能深刻理解书本的内容而不能合理有效利用书本的知识，从而陷入迷茫。子曰："学而时习之，不亦说乎？有朋自远方来，不亦乐乎？人不知而不愠，不亦君子乎？"（《论语·学而》）只有学思结合，又用于实践，在学用的结合中，才能更好地领悟知识真谛，增强实践本领，成为有内涵、有本领、能成事的真君子。

这一点，我们要向伟大领袖毛主席学习，他是学思学用结合的高手。毛主席基于中国是农业大国的社会现实，深入农村，将马克思主义基本原理与中国具体实际相结合，创造性地通过土地改革，打开了中国革命的广阔路径。土地改革实现了劳动者与劳动资料的结合、保卫土地与保卫家园的结合，使中国共产党得到了最广大农民的支持，事实上也就得到了当时中国最大群体的支持。陈毅元帅曾说："淮海战役的胜利是人民群众用小推车推出来的。"淮海战役中，解放军组织出动了543万的支前民工提供支援，也就是说，战场上每1名战士身后，都有9个支援他的民工。

学习可以成就君子，尤其是在当下，发展日新月异，需要我们接收的信息、练就的本领、增强的技能越来越多，这也要求我们通过学习发展完善自己，以更好地适应社会发展的需要。中国共产党依靠学习走到今天，也必然依靠学习走向未来。

### （三）"克己复礼"理念——强化规矩意识

颜渊问仁。子曰："克己复礼为仁。一日克己复礼，天下归仁焉。为仁由己，而由人乎哉？"颜渊曰："请问其目？"子曰："非礼勿视，非礼勿听，非礼勿言，非礼勿动。"颜渊曰："回虽不敏，请事斯语矣。"（《论语·颜渊》）孔子一生推行的思想都与恢复周礼有关。但他不是一味地复古，他说："殷因于夏礼，所损益可知也；周因于殷礼，所损益可知也。其或继周者，虽百世可知也。"（《论语·为政》）我们承继的礼乐是有损益的，要根据需要和发展变化来增减。这就是孔子的"时变"观点。

儒家提倡的礼具有丰富的内涵，涉及道德、法律、制度、社会规范、公序良俗等，旨在让我们更好地履职尽责。我们现在常说建设社会主义法治强国，从历史发展看，法就出于礼。"克己复礼"警示我们要不断增强规矩意识。

交友也有规矩，孔子指出了君子的交友之道。他说："益者三友，损者三友。友直，友谅，友多闻，益矣。友便辟，友善柔，友便佞，损矣。"（《论语·季氏》）交友要慎重，要有所选择。与正直的人交友，与诚实守信的人交友，与见闻广博的人交友，是有益的。与谄媚事上、拍马逢迎的人交友，与两面三刀、玩弄阴谋的人交友，与夸夸其谈、巧言令色的人交友，是有害的。这些忠告对当今社会的人们仍然具有重要的警示意义。尤其是处于执政地位、掌握一定权力的领导干部，往往是一些别有用心之人"进攻"的对象，在交友上更应慎之又慎。正确的交友可以互相成就，不当的结群则会带来祸患。

习近平总书记指出："在现实生活中，必要的人际交往是不可避免的，工作生活中都会发生大量人际交往，但交往要有原则、有界线、有规矩，低调为人、谨慎交友，自觉净化自己的社交圈、生活圈、朋友圈。"

**（四）"知行合一"的态度——保持实干创业的精神**

孔子曾自道其方法论，"我欲载之空言，不如见之于行事之深切著明也"（《史记·太史公自序》）。我与其空泛地谈论单纯的道理，不如切实地考察具体的事例，从而把我对人伦世事的看法解释得清晰深刻。

儒家强调知行合一。"诵诗三百，授之以政，不达；使于四方，不能专对；虽多，亦奚以为？"（《论语·子路》）熟读了《诗经》三百篇，交给他政务，他却搞不懂；派他出使到四方各国，不能独立应对；虽然读书多，又有什么用处呢？孔子提出的观点是，在人们努力学习的基础上，"授之以政"，"使于四方"，进行锻炼，让知识接受实践的检验。若还没有明显的改观，那他就真是一个死读书、读死书的人了。对于这种人，孔子给予了无情的否定："虽多，亦奚以为？"书读得好，拥有渊博的学识，当然是一件好事，但光记住书本知识而不进行实际操作，不用实践去检验，永远只能是"行动上的矮子"，是不可能做好事情的。也就是说，知行合一才是君子所为。

空谈误国，实干兴邦。中华民族是历经磨难、不屈不挠的伟大民族，中国人民是勤劳勇敢、自强不息的伟大人民，中国共产党是敢于斗争、敢于胜利的伟大政党。历史车轮滚滚向前，时代潮流浩浩荡荡。历史只会眷顾坚定者、奋进者、搏击者，而不会等待犹豫者、懈怠者、畏难者。全党全社会一定要保持艰苦奋斗、戒骄戒躁的作风，以时不我待、只争朝夕的精神，奋力走好新时代的长征路。

"君子之德风，小人之德草，草上之风必偃。"（《论语·颜渊》）今天，我们倡扬君子文化，倡导用君子的情怀和格局来提升人生境界，促进社会和谐，最重要的仍然是"两个合一"：一是知行合一，既要明白做君子的道理，又要践行做君子的要求；二是情景合一，每个人要有做君子的理想和追求，全社会要有褒奖君子的氛围。

# 后　记

课堂教学是干部教育培训的重要形式，也是政德教育的重要组成部分。中共中央印发的《干部教育培训工作条例》指出，开展政德教育、警示教育，引导党员干部提高思想觉悟、精神境界、道德修养，树立正确的权力观、政绩观、事业观，做到对党忠诚、个人干净、敢于担当，永葆共产党人政治本色。《全国干部教育培训规划（2023—2027年）》也要求，要强化政德教育、警示教育，开展家庭家教家风教育。

为满足政德教育培训需求，配合政德教育课堂教学，我们坚持以习近平新时代中国特色社会主义思想为指导，针对领导干部群体的特点，精选了12篇专题课程讲稿，汇编成书。全书坚持将马克思主义基本原理同中华优秀传统文化相结合，重点围绕讲深讲透"立政德，就要明大德、守公德、严私德"的任务，充分挖掘中华优秀传统文化中的政德教育资源，系统阐释中华优秀传统文化中"志道忠诚""为民担当""清正廉洁"等思想，引导领导干部在感悟学习博大精深的中华优秀传统文化的过程中，不断正心明道、涵养政德。

在本书的编写过程中，我们以专题课讲稿为基础，查证了大量历史著述、学术文章等，以期能更好、更全面地反映课程全貌。由于能力所限，疏漏、错误之处在所难免，恳请专家、读者批评指正。

编　者

二〇二四年十一月